原来孩子这样养成学习好习惯

小学生の勉強は習慣が9割

[日]菊池洋匡 著
郭勇 译

湖南文艺出版社
博集天卷

前 言

对于孩子的学习，您是否抱有以下想法？我先告诉您，这些想法是错误的。

- **只要孩子心中有了理想的学校或有了自己的目标，他们就会积极地投入学习中去。**
- **只要孩子有了干劲儿和毅力，他们就能在学习中乘风破浪地前进。**
- **只要孩子长大一点，上了高年级，自觉性就会萌芽，他们就会主动开始学习。**

在我 20 多年指导小升初学生的教育经历中，我经常能遇到抱有上述想法的家长，可以说这些想法是小学家长错误观念的典型代表。非常遗憾的是，他们自认为正确的这些想法，在现实生活中往往并不能如愿。

有些孩子即使到了五年级、六年级，马上面临小升初的考试了，也不会产生学习的自觉性，依然过着"无忧无虑"的生活。可他们的父母为此焦虑得不得了。

也有的孩子虽然嘴里常说"我想考××学校！"，却没有任何实际行动。

终于有一天，父母看不下去了，**愤怒大爆发！**

父母对"不争气"的孩子一顿怒骂，却往往在事后后悔不已，甚至陷入自我厌恶的境地。而父母的责骂，常会引起孩子的逆反心理，结果亲子之间的"战争"爆发。这样一来，结果会怎样呢？孩子越来越讨厌学习，亲子关系越来越恶化；孩子的成绩不但没提高，搞不好还会一落千丈……

上述场景也是不少小学生家庭存在的问题，不管是对孩子还是对父母来说，都是非常痛苦的事情！

可为什么**会有这么多小学生家庭搞不好孩子的学习呢？**

☑ 要想取得好成绩，先从改变习惯开始

我认为造成很多小学生家庭搞不好孩子学习的主要原因之一，就是家长和孩子都不了解"习惯的原理"。

人的行为，很大一部分会**受到习惯的支配**。

比如：到了一定的时间，我们的肚子就会饿，我们就想吃饭；到了时间就该洗澡、刷牙。

再比如：有些人明明知道冰箱里没有吃的，还会不自觉地打开冰箱门看一看[说的就是上小学时的我（大笑）]。

还有的人明知道现在电视上没有自己想看的节目，还是会不自觉地打开电视看起来没完。

人对自己经常做的事情，**会不自觉地重复做**。

重复同样的行为，自然会得到同样的结果。

每天下班回家之后先打开冰箱找食物的人，不会瘦下来。

每天放学回家先打开电视看的学生，成绩不会好到哪儿去。

假设有一天下班回家没有去冰箱找食物吃，放学回家后没有打开电视看而是去写作业，这当然是好事。但如果这种**习惯没能长久坚持的话，结果依然不会改变**。

因此，如果想"改变现在的自己，取得更好的成绩"，那么就必须**改变以往的不良习惯**。

✅ 人脑喜欢"维持现状"，讨厌"改变"

要想改变以往的习惯，**如果不了解习惯形成的原理，是很难做到的**。为什么这么说？因为习惯背后，有一种强大的力量在驱动，那就是"维持现状"的力量。

我们人类的头脑，已经为了"生存"做了最合适的优化。

即使成绩不好，即使考不上理想的中学，即使工资很低，即使身体很胖，**我们的头脑都不在意**。

只要能成功生存下去，就完事！

这样想的话,"维持现状"是让我们生存下去非常有效的战略。

因为我们还活着,这本身就是一种成功,也是我们的本能给我们带来的福利。所以,我们的头脑希望把这种"成功模式"一直重复下去。

因为人类的头脑存在这样的判断功能,所以头脑更愿意命令身体**一直重复同样的行为**。

改变,可能会给我们带来危险!

我们人类的头脑形成于数十万年前的原始环境。在那个时代、那样的环境条件下,如果去平时不习惯的地方,做平时不习惯的事情,有可能被危险的掠食动物袭击,也可能找不到果腹的食物。因此,从那时起,我们的头脑就**讨厌改变**。

因此,即使我们的表层意识希望改变现状,希望提高成绩,希望考上理想的学校,希望增加收入,希望自己变瘦,但我们的深层潜意识,会本能地选择维持现状。

您或者您的孩子,如果对现状很满意,那没有任何问题:孩子的成绩已经非常优秀,只要维持现状就可以考上理想的学校,有一个美好的未来。所以,只要继续保持当前的学习习惯、生活习惯就足够了。在这种情况下,我们头脑中"维持现状"的力量,有助于我们实现美好的理想。

但如果您和您的孩子的情况不是这样的,**为了实现理想**

必须改变现状的话，那就不得不改变现有的行为习惯。可是，怎样做才能战胜自己头脑中"维持现状"的强大力量，从而改变以往的习惯呢？

这个问题，正是这本书的主题。我将在书中为您揭晓答案。

☑ "培养好习惯"是有窍门的

在这本书中，我将以浅显易懂又生动有趣的方式教会大家如何**控制自己的行为，并在不断重复中养成好习惯的简单方法**。

这些方法是以哈佛大学、斯坦福大学、耶鲁大学等世界有名的大学的研究机构的实验、研究成果为基础开发的，任何人都可以再现，泛用性非常强。

我参考了很多上述研究机构的成果，比如，他们比较了"能静下心来学习"和"不能静下心来学习"的学生之间的差异。他们的研究对象覆盖较大年龄跨度的学生，对想要养成良好学习习惯的孩子来说，其研究成果有很多值得借鉴的地方。

再比如，科学家们还对正在减肥的人进行了研究，比较了"能够忍耐甜食诱惑"和"无法忍耐甜食诱惑"的人之间的差异。

"想吃"是人的欲望，要抵抗它确实非常困难。

可为什么有人能够克制自己的食欲呢？他们有何过人之处？如果能找到背后的原因，对当今的孩子可能有莫大的帮助。因为他们每天要面对电视、游戏、短视频等各种各样的诱惑。

研究"能够养成健身习惯的人"和"不能养成健身习惯的人"之间的差异，对我们自己养成良好的习惯也有启发。

根据这些研究我们可以发现：**表面看起来非常艰难的一条路，反而是养成好习惯的一条捷径**。很多人总想"不勉强自己，轻松地养成好习惯"，结果往往以失败而告终。

这本书最大的价值就在于让那些**性格上难以静下心来学习的孩子也能掌握控制自己行为的方法**。

人生要想获得成功，与生俱来的聪明头脑是一个因素，但这绝不是最重要的，起决定作用的是**不断重复地努力**。对此，很多研究结果都给出了相同的答案。

我估计大部分人都以为"努力这种事，任何人只要想做就能做到"。可实际上，一个人能不能付出努力，很大程度上会**受到自身性格的影响**：有些人的性格让他可以付出努力，而也有些人的性格，注定让他不会付出努力。

还有一种说法认为，人的性格至少有一半是天生的，是遗传因素决定的。

如果真是这样的话，那么天生具有"能够努力的性格"的孩子就容易取得成功，而不具备这种性格的孩子，就不容易取得成功。

现实就是如此残酷！

☑ "不擅长静心学习"的孩子，也能养成"努力的习惯"

但我要通过这本书告诉大家，只要学会"**培养好习惯的技巧**"，**性格上不擅长努力的孩子，也能养成努力的好习惯**。下面我就列举几个培养习惯的技巧，让大家先有个直观的认识。

- 制定"干劲儿开关"的"if-then 计划"
- 提高行为重复率的"即时报酬"
- 诱惑是干扰目的达成的障碍，该如何"与诱惑战斗"
- 使习惯化加速的"频率"
- 提高自我控制力的"两种感情"
- 设定恰当目标的方法——"5 个规则"

只要这些技巧运用得当，**我们甚至可以改变自己或孩子原本的性格**。

"没有耐性""缺乏专注力""拖延症"……存在上述性格困扰的孩子，这本书可能成为他们的救星。

- 有些孩子经常把"我要为了升学而努力学习！"挂在嘴边，可就是没有一点实际行动。
- 有的孩子常说"到了×点我就去写作业"。可时间到了，他们依然拖拖拉拉，不去写作业。
- 有些孩子花大量时间沉迷于短视频、游戏。

这些孩子其实是可以改变成如下模样的。

- 针对考试进行有计划的学习。
- 不堆积作业，能够按自己的节奏分配、消化学习内容。
- 可以自己控制玩游戏、看短视频的时间。

另外，正在读这本书的父母，您买这本书的初衷一定是为了培养孩子的良好学习习惯，但其实您自身也应该掌握控制自己行为的能力，建立良好的生活、工作习惯，在事业上取得更大成就的同时，保持一副健康的体魄！

如果您想帮孩子提高学习成绩，让孩子考上理想的学校，那这本书您一定不能错过。

如果这本书能成为您和孩子人生路上的一个加油站,能为您和孩子的精彩人生提供一点助力的话,我将感到万分荣幸和欣慰!

伸学会董事长　菊池洋匡

小晴！补习班的作业不用做吗？
嗖嗖嗖
啾啾啾
嗯……
每次都这样！我不提醒你就不做。
提不起干劲儿来呀。
作业不做的话，以后就越来越跟不上了。
话是这么说没错。但是……我为什么非学习不可呀？
……
不……不学习的话，就考不上理想的初中啊！
确实……
我不知道我能不能考上，但我想知道的是，努力学习有什么意义？

可……可是，不努力学习的话，就是考不上好初中啊！
像您这样说的话，小晴会越来越不喜欢学习的……
咦，你是哪位……
我是什么人不重要，这种小事不足挂齿。
小晴不爱学习，我认为背后是有原因的。
您只要读了这本书，一定能让小晴变成爱学习又会学习的孩子！
让我们上吧！
好奇怪的人！
他没毛病吧……

目录
Contents

第一章 1 "成功人士"的共同特征是什么?

01 什么是成功的决定因素?才能还是努力? /004
小升初考试的佼佼者,很多人并不觉得自己有多努力 /006
让孩子学会努力——可是到底该怎么做呢? /008

02 "棉花糖实验"可以预见人生的成功 /010
自控能力强的孩子未来更容易成功 /011
对人生成功尤为重要的是"勤勉" /013

03 成功通过"棉花糖实验"的孩子都做了什么? /016
忍耐力不强的普通孩子,要对行动做好战略性计划 /017
不要和诱惑正面战斗 /019

04 养成良好习惯,才能高效率行动 /021
无意识采取的行动,消耗的能量更少 /022
培养良好习惯,是有方法可循的 /023

05 良好习惯可以改变"性格" /025
如何改变性格呢? /026
当行为习惯化之后,人的性格也会随之改变 /027

| 06 | **培养好习惯的技巧，使人生更加轻松快乐** / 029 |

　　使行为习惯化，并不断反复、持续 / 029

　　勉强自己的"努力"不能持久，所以要将其习惯化 / 030

第二章 2 "目的"与"目标"的差别及其各自的作用

| 01 | **首先明确"目的"** / 036 |

　　如果孩子问："我为什么必须得学习呢？"父母该怎么回答呢？ / 036

　　孩子专门来问这个问题，是因为他们真的没有想明白 / 038

　　如果不能明确学习的目的，就不会把学习当作自己的事情去努力 / 040

　　如果能够正确设定学习目的，孩子势必会迅速成长 / 041

| 02 | **激发孩子"干劲儿"的"三个要素"** / 043 |

　　全权交给孩子自己去做，进展不顺利的时候再根据情况帮他修正 / 044

　　孩子"能做好的事情"，要及时给予褒奖 / 046

　　不要设定门槛过高的目标 / 047

03 "目的"与"目标"的差别是什么？ /049

目的是"最终的目标"，目标是"达成目的过程中的若干检查点" /049

要走到很远的目的地，路途中没有目标的话，很难达到终点 /050

如果能够真切地感受到未来自己的样子，就可以提高自制力 /052

"想要考上理想的中学"，那就要回顾"过去的自己" /053

04 把"结果目标"落实为"行动目标" /056

行动目标要设定为"具体的""可以测定的" /057

设定数值化的行动目标，让父母可以更好地为孩子提供支持 /059

与"不能做"的目标相比，"应该做"的目标更好 /060

05 通过"5个规则"设定目标，才能帮孩子提高成绩 /062

具有关联性 /062

设定期限 /064

内容要让孩子感觉"我能实现" /065

专栏 让孩子给别人提供建议，可以培养孩子的自信心 /068

第三章　迈出"第一步"的秘诀

01　任何习惯都是从"最初的一步"开始 / 074
　　过高的目标只能让孩子丧失干劲儿 / 074
　　把学习任务分割成若干小任务，一步步完成 / 075
　　可以从"放学回家之后先把学习用具从书包里拿出来"开始 / 077

02　"if-then 计划"中隐藏着激发孩子积极性的开关 / 079
　　确定"何时"学习 / 080
　　确定学习的具体"状况" / 081
　　让孩子头脑清醒地顺利开始学习 / 082

03　将学习习惯和其他习惯结合起来，打造"成功模式" / 084
　　将"现有习惯"与"想要养成的新习惯"紧密联系起来 / 084
　　不要说"几点开始学习"，而是"××之后开始学习" / 086

04　诱惑是干扰目的达成的障碍，那么该如何战胜诱惑呢？ / 088
　　打造诱惑少的环境 / 089

当孩子无法完全摆脱诱惑时，要事先制定好应对策略 /091

专栏　和游戏说再见的"封印仪式" /094

第四章
4　养成习惯之前不断重复的秘诀

01　**习惯中也蕴含"惯性法则"** /100

我们头脑中都有"不想改变现状"的惯性，要挑战这个惯性难度很大 /100

只要坚持2~3个月，基本上所有行为都能形成习惯 /101

02　**"做了有好处"，那么下次还想做** /104

"做了之后马上感受到快乐，或体会到做的意义"会让人继续做下去 /105

制定的学习"规则"要让孩子有玩游戏的感觉，更容易让孩子在学习中获得成就感 /106

制定让孩子有成就感的具体规则 /108

03 **设定奖励，让孩子体会到"做了有好处"** /110
对小学生来说，"和名誉有关"的褒奖十分有效 /111
每个孩子适合的奖励不同，要多和孩子沟通，抓住他们的关注点 /112
让孩子学会控制自己的学习积极性 /114

04 **让行动和结果的"联系"看得见，就能提高孩子的积极性！** /115
让孩子确认"自己做得好的地方"，"为什么能做好" /116
与褒奖相比，真实感受到自己的成长会让孩子打心眼里高兴 /117

专栏 通过"即时报酬"改变孩子的真实案例 /120

第五章 5 "加速"和"阻碍"习惯化的东西

01 **"频率"为习惯化加速** /126
每周去健身房4次以上，容易养成健身的习惯 /126
即使少量学习，只要每天坚持，也容易养成好的学习习惯 /128

02 "明天再做"是最蠢的事情，拖延症是培养好习惯的大敌 /130

人对未来容易过分乐观 /131
将"每天都做同样的事"作为一个规则 /133

03 "努力后就想偷懒"的法则 /136

人做出一定成绩后就会产生放松一下的想法 /137
随时确认自己的目标，防止松懈 /138

04 失败后防止"自暴自弃"的方法 /141

人遭遇失败时容易灰心丧气 /141
重要的是接纳"不成功的自己" /143
对于怀有罪恶感的人，不要再去谴责他们，而应安慰、鼓励 /145

05 能控制自己的感情，就容易养成好习惯 /149

"感谢""共情"有助于提高人的自控力 /149
把想感谢的人或事写出来 /150

06 借助同伴的帮助，提高"持久能力" /153

组团健身是单人健身次数的 1.5 倍 /154
在抵御诱惑的时候，团队的成功率更高 /155
和朋友一起学习的孩子，学习时长增加不少 /156

专栏　打破最后的壁垒——"千篇一律" /158

第六章 支持孩子养成好习惯，父母应做的心理准备

01 "目标过于遥远"，其价值会大打折扣 /164
　　现在领取 100 万元，还是 5 年后领取 200 万元？ /165
　　孩子的一年时间远比大人的一年时间长 /166

02 "用奖励刺激孩子"并不是坏事 /169
　　奖励的正确使用方法 /170
　　家长的最终目标是让孩子学会自己给自己奖励 /171

03 "小奖励"对培养好习惯很有用 /174
　　心得（1） 要奖励就要做好长期、连续奖励的准备 /174
　　心得（2） 奖励一定要及时 /176
　　心得（3） 给奖励的频率很重要 /176

04 父母要成为孩子的"好榜样"，背后的理由是什么？ /179
　　利用孩子喜欢模仿父母的"习性" /179
　　父母自己也体会一下培养好习惯的难度 /181

05 父母的"完美主义"会毁了孩子 /184

任何人都不是完美的 /185

父母自己首先应该抛弃完美主义 /186

06 拥有灵活的思维,相信"任何事情都是可以改变的" /188

家庭环境不好,就应该放弃孩子的习惯培养吗? /189

父母自己要相信"任何事情都是可以改变的" /191

07 想传达给孩子的信息,父母自己要"打心里相信" /193

父母要从内心深处欣喜于孩子的成长 /193

不仅要改变孩子,父母也要改变自己 /195

后记 /198

第一章

1

"成功人士"的共同特征是什么?

我希望自己的孩子将来生活幸福,希望他在社会上能够取得一定的成功……这是绝大多数父母共同的愿望。您作为父母,内心里肯定也有同样的渴望。在这一章里,我将以科学研究成果为依据,为您介绍"成功人士"的一些共同特征。这些研究成果,也许能为您提供一些启示,帮您把孩子培养成未来的成功人士。

又玩游戏……
我想问一句，您希望小晴长大后成为什么样的人？
可咚 可咚
这个嘛……
只要他将来能幸福就好。
发光
闪闪
如果能在社会上取得成功，那就更好了。
您所理解的在社会上取得成功，是指当上医生、律师或企业家吗？
法
只要他本人愿意，从事什么职业倒无所谓。但如果不成功的话，在物质生活方面可能就会有困难，那多可怜啊！
没错。那么，您知道什么样的人更容易获得成功吗？
嗯？突然被你这么一问，我一时回答不上来……勤奋的人？

如果您不知道什么样的人更容易成功，那么您就不知道该如何教育孩子。
实际上，科学家对成功人士的共同特征进行了深入研究，并总结出他们成功的共同点。
哎，真的吗？
是的。
绝不是『只要努力就能成功』那么简单。
接下来我就为您详细解说。

01 什么是成功的决定因素？才能还是努力？

"我希望自己的孩子将来过得幸福，希望他们能在社会上取得一定的成功。"

我想，绝大多数父母对自己的孩子都抱有这样的期待。手捧这本书正在阅读的父母，心里一定也是这样想的。

要想把孩子引导到成功的路上，那么作为父母，首先应该了解**"取得成功的人都是什么样的人"**。因此，在**第一章**中，我将首先为您介绍科学家对"成功人士"的研究，让您了解成功人士所具备的一些共同特征。

"能够取得成功的人，肯定都付出了艰辛的努力，吃了很多苦，战胜了很多困难，最终才能实现目标。"——很多朋友都是这样想的吧？

此外，也有不少朋友有不同的见解，他们认为"能够取得成功的人是一小部分才能出众的人。他们之所以能够取得成功，是由先天因素决定的"。

那么，上面两种想法哪种正确呢？

第一个研究这个问题的美国佛罗里达州立大学心理学家安德斯·埃里克森教授，曾因为研究"1万小时法则"而出名。

埃里克森教授对音乐、国际象棋、体育等多个领域中的精英进行了研究，分析了"在各个领域中获得优秀专业能力的方法"。

他得到的结果是："在各个领域成为超一流精英与才能无关，最需要的是刻苦的努力（唯一例外的是运动员，要想成为一流运动员，先天的身体条件也很重要）。"

举例来说，对韩国顶级围棋选手的两项研究显示：他们的IQ（智商）平均值为93，甚至比普通人的IQ平均值（100）还要低一些。

在学习围棋或国际象棋的初级阶段，IQ高的人可能成长得更快，早期水平会比较强。

但随着练习时间的增加、经验的积累，IQ的高低和下棋水平的强弱就没有关系了。

而且，最后变得最强的人，并不是IQ最高的人，而是练习最多、最刻苦的人。

✅ 小升初考试的佼佼者，很多人并不觉得自己有多努力

小升初考试也是同样的道理。

在小升初考试的过程中，我们确实可以看到很多头脑聪明的孩子考上名牌初中的案例。

但是，这些天赋高的孩子考上名牌初中，并不是什么也没做而单凭聪明的头脑考上的。

分析这些孩子成绩优异背后的原因，我们会发现：他们要么从小就喜欢读书、猜谜等使用头脑的训练；要么就是上过幼教班、补习班，练过游泳、足球、钢琴等。在这个过程中，他们的**能力和悟性自然而然得到了提高**。

在这种情况下，孩子本人可能并没有意识到自己"很努力"，以为自己所具备的那些能力是与生俱来的。

但实际上，要获得高能力，背后的训练是必不可少的。

在少儿教育中，"举一反三"是一个经常被用到的成语。就像这个成语所说的那样，一群孩子做同样的训练，能力或悟性高的孩子，可以注意到更多的东西，理解也更加深刻。

能力强的孩子吸收力就强，随后的努力也将获得更大的成果。

这个现象在一个孩子自身的成长过程中也能体现出来。随着年龄的增长，孩子的能力自然也随之增强，可以吸收、领悟的东西也就越来越多。

举个例子，请大家回想一下自己从小学到高中学习过的数学

知识。

　　小学一年级整整一年的时间也只学了加法、减法和时钟的读法。

　　而到了小学高年级，学习内容就涉及小数乘除法、分数乘除法、鸡兔同笼问题、牛吃草问题、和差问题、行程问题、植树问题等多种特殊计算问题，还会学习三角形、平行四边形等图形的特征、面积求法等知识。

成绩优异的孩子，在获得高能力的过程中，大多经过了各种各样的训练

到了高中，数学方面就会涉及"图形与方程式""三角函数""指数函数、对数函数""微分""积分""数列""平面向量与空间向量"等。

可见，随着年龄的增长，就数学来说，同样是一年时间，学习的内容会不断增加。

这表明，**随着能力的提高，人的成长是在加速的**。

✅ 让孩子学会努力——可是到底该怎么做呢？

先将上一小节内容总结一下。

才能 × 努力 = 能力

能力 × 努力 = 成果（成绩）

➡ 才能 × 努力 × 努力 = 成果（成绩）

对成果来说，影响更大的不是才能，而是努力。

天生的才能，只能让孩子的"起跑线比别人稍微靠前一点"而已。

运动会的"短跑"比赛中，如果每位选手的起跑线不同，那对比赛结果将产生极大的影响。但是，像马拉松那样的"长跑"比赛，起跑线稍微有些差距，对比赛的结果几乎是没有影响的。

升学考试的成败也是同样的道理，小升初考试、中考、高考，越到后面的考试，考验的越是长年累月的知识储备。而且，大学毕业进入社会后，要想成为一流的精英，可以毫不夸张地说，完全是"由努力决定的"。

所以，如果您想让自己的孩子在未来的社会中取得成功的话，当前最优先考虑的应该是**把孩子培养成"会努力的孩子"**。

那么，所谓"会努力的孩子"，到底是什么样的孩子呢？

关键点

- 天生的才能，只能让孩子的"起跑线比别人稍微靠前一点"而已。
- 用长远的目光看，与天生的才能相比，努力对最终结果的影响更大。
- 父母应该思考的是"如何把自己的孩子培养成会努力的孩子"。

02 "棉花糖实验"可以预见人生的成功

长期来看，会努力的孩子将成长为成绩优秀的孩子，未来获得成功的概率也会大大增加。理解了这一点后，接下来父母要思考的问题应该是："会努力的孩子是什么样的孩子？"我认为：会努力的孩子是**忍耐力强的孩子**，换言之，也可以说是"自控能力强的孩子"。

下面我为大家介绍一个著名的心理实验，通过这个实验大家可以看出"忍耐力强的孩子"会有什么样的结果。这个实验就是著名的**棉花糖实验**，是美国斯坦福大学的心理学家沃尔特·米切尔针对4岁左右的儿童进行的。

（1）实验者首先布置了一个房间，里面只有一张桌子和一把椅子，没有其他可以分散孩子注意力的物品。然后让接受实验的孩子逐一进入房间并让他们坐在椅子上。孩子会发现桌子上有一个盘子，里面装有棉花糖、曲奇饼干或椒盐卷饼等孩子们喜欢的小点心。

（2）一同进入房间的实验者告诉孩子："我有点事要出去一下，盘子里的小点心给你。我大约 15 分钟之后回来，如果我回来时你没吃盘子里的点心，我会再给你一个点心。但如果在我回来之前你把点心吃了，我就不会再给你点心了。"说完，实验者就离开了房间。

因为孩子们都想多得一个点心，所以他们要和自己"现在就想吃点心的欲望"进行斗争。

他们到底能不能战胜自己呢？

在这个棉花糖实验中，最终抵御住点心的诱惑，成功获得额外奖励的孩子大约有三分之一。

☑ 自控能力强的孩子未来更容易成功

心理学家设计棉花糖实验的初衷是想考察幼儿自控能力的发展情况，但在后续的追踪调查中发现：**实验中能够抵御眼前诱惑、自控能力较强的孩子，上学后的学习成绩也比较优秀，长大成人后在社会上获得成功的概率也比较大。**

有关"自控能力与未来成功正相关"的研究，其他科学家也有进行。

美国杜克大学的心理学家泰利·墨菲特等人在新西兰进行了一项实验，他们进行的不是类似棉花糖实验的研究，而是通过孩子父母或保育员的评价对孩子的自控能力进行评测。研究员对这些孩子进行了长期追踪调查，这个过程一直持续到孩子们32岁，并在他们32岁时，研究员调查了他们当前的社会地位、健康状况、犯罪历史等。

结果表明，幼年时期自控能力强的孩子，在成年之后的收入、社

在棉花糖实验中能够成功抵抗诱惑的孩子，长大后获得成功的概率比较大

会地位都比较高，自购房产的比例也较高。

而且，幼年时自律性强的孩子，在成年后患上循环系统、呼吸系统疾病的风险比其他人低，肥胖的人也比较少。

另外，因畅销著作《坚毅：释放激情与坚持的力量》而出名的心理学家杜李惠安（Angela Lee Duckworth）也进行了相关的调查研究。

杜李惠安对一批初中二年级的学生进行了调查，首先测试了他们的智商和自控能力，然后再分析他们的学业水平和智商、自控能力的关系。

结果发现，智商高而且自控能力强的学生，日后的学业水平会比较高。其中，自控能力对学业水平的影响要高于智商。

☑ 对人生成功尤为重要的是"勤勉"

根据诺贝尔经济学奖获得者詹姆斯·赫克曼的研究，智商和性格相比较，性格对人生的成功会起到更大、更具决定性的作用。

赫克曼以数万名儿童为研究对象，从他们的孩提时代开始，就对他们的智商、性格、成年后的收入、健康状况等进行长达数十年的记录、分析。

研究结果是：一个人的成就、收入、身体健康状况、心理健康状况等各种项目，**受到性格的影响更大**，其中作用尤其大的性格特点是"**勤勉**"。其实，我们可以把勤勉等同于自控能力强。

也就是说，**自控能力与人的学业水平、健康状况、社会成功度、人际关系有着密切的联系**。

能够抵御眼前电视节目、游戏的诱惑，而去专心学习的孩子，成绩肯定好；能够抵御眼前美食、美酒的诱惑，克制自己的饮食欲望、坚持锻炼的人，身体肯定更健康。

智商 < 性格。尤其是，人越勤奋，越容易成功

那么，接下来我们要考虑的问题就是："**如何培养孩子的自控能力呢**？"有些孩子天生就具有较强的忍耐力，能够抵御各种诱惑，但大部分孩子则不然。如果您家孩子自控能力不算太强，那么作为家长，我们该怎么办呢？

关键点

- ☑ 在棉花糖实验中能够成功抵御眼前诱惑的孩子，大约占三分之一。
- ☑ 自控能力强的孩子，日后成绩优秀的概率较大。
- ☑ 要想取得人生的成功，"勤勉"非常重要。

03 | 成功通过"棉花糖实验"的孩子都做了什么?

通过前面的讲解,我们知道"忍耐力强的孩子,更容易取得优异的成绩"。

那么,您家的孩子怎么样呢?

是属于忍耐力强的孩子,还是容易被诱惑的普通孩子?

不说别人,就说我自己,以前我对自己的忍耐力、自控力都没什么自信。

虽说我结婚之后稍微好一点,但单身的时候,对于美酒的诱惑我一次也没有成功抵抗过去,经常喝得烂醉如泥。(苦笑)

如果说"忍耐力不强,人生就没法成功"的话,那我的人生早在单身的时候就已经完蛋了!

实际上,具有超强忍耐力、自控力的人属于极少数派。

我想,大多数孩子,以及孩子的家长,都和曾经的我一样,**在和各种诱惑进行着"艰苦卓绝"的斗争**。

那么，我们这些普通人、普通孩子，就没法在人生中取得成功吗？

✅ 忍耐力不强的普通孩子，要对行动做好战略性计划

其实我们普通人、普通孩子也不用气馁，忍耐力不强的人，也有成功的办法，具体如下：

第一步：制订战略性行动计划。

第二步：将好的行为变成习惯。

第三步：将好习惯烙印到性格中。

仅仅做到"第一步：制订战略性行动计划"就能让您看到很大的起色，如果再推进到第二步、第三步，绝对能获得超出想象的成功。

在**第一章第二节**中我讲过，忍耐力强的孩子，不容易败给眼前的诱惑。但说到底，这句话要放在一个较长的时间轴里才能成立。

诚然，性格中忍耐力强的人比忍耐力弱的人更容易战胜眼前的诱惑。

但是，短期来看，一个人接下来会采取什么样的行动，受性格因素的影响非常小，偶然性还是比较大的。

大家可以回想一下，您身边也许就有如下类型的人：

意志坚定的人，也有遇到美食吃撑的时候。

性格温厚的人，也有暴怒的时候。

一个人眼下会做出什么行为，采取什么行动，确实会在一定程度上受到性格的影响，但更大的影响因素是状况、环境。

举例来说，前面讲的棉花糖实验中，能够成功控制自己现在不吃棉花糖的孩子，大多是把自己的注意力暂时从棉花糖上移开了。

一直盯着棉花糖看的孩子，最终大多没能抵挡住甜美的诱惑。

由此可见，**如果孩子和棉花糖的诱惑进行正面战斗，那么获胜的希望非常渺茫。**

☑ 不要和诱惑正面战斗

那么，怎么做才能战胜诱惑呢？可行的方法有"把棉花糖拿远一点""把棉花糖藏起来，将它移出自己的视线""唱首歌，转移自己的注意力"等——**不与棉花糖的诱惑进行正面战斗，才是最好的策略**。

这种策略不仅可以帮我们战胜棉花糖的诱惑，也适用于各种诱惑。

要想让自己在诱惑面前能够采取正确的行动，有必要事先制订一个"**战略性行动计划**"。具体方法我将在**第三章**中为大家详细介绍。

在棉花糖实验中成功抵抗诱惑的孩子，都采取了不和棉花糖的诱惑正面交战的策略，他们用各种方法让自己的注意力暂时离开棉花糖

事先为自己制订一个计划，比如"当遇到××情况的时候，我该××做"，或者一开始就让自己远离充满诱惑的环境，就**可以让忍耐力、自控力不强的人也能做出正确的选择**。

而且，在小事上积累的正确选择多了，就可以大大提高实现目标的概率。而不断实现目标，会让孩子对学习的态度产生巨大的变化，让学习在他们心目中变成一件快乐的事情。

如果您家的孩子忍耐力不强，那么，从今天开始就教他们制订战略性行动计划吧！

关键点

- ☑ 影响当前行动的最主要因素不是人的性格，而是当时所处的状况、环境。
- ☑ 不要和诱惑正面战斗。
- ☑ 制订战略性行动计划。

04 养成良好习惯，才能高效率行动

当我们帮助孩子通过制订"战略性行动计划"已经可以控制眼前的行动之后，下一步的目标就是**让正确的行动变成习惯**。

您或您的孩子身上，都有哪些习惯呢？

肯定有好习惯，也有坏习惯，大家可以回想一下。

睡前洗澡、刷牙……看似都是小事，其实却是关系到人体健康的重要习惯。

反之，睡前躺在床上玩手机、不经意间就把手伸向甜食……这些都是影响健康的坏习惯。

除此之外，还有很多谈不上好坏的习惯。

比如，您穿裤子的时候先穿左腿还是右腿？穿袜子的时候先穿左脚还是右脚？

仔细想想我们就会发现：做这些事情的时候我们并没有考虑过"今天穿裤子先穿右腿""穿袜子先穿右脚"的问题，都是在不自觉的状态下，采取了和往常一样的习惯性行动。

实际上，人的行为有 **90% 以上都是无意识的习惯性行为**。

☑ 无意识采取的行动，消耗的能量更少

为什么人会做这么多无意识的行为呢？

这是因为我们人类的大脑非常优秀，会尽量减少消耗多余的能量。

我们在日常生活中进行选择时，经过深思熟虑做决定的过程是非常消耗能量的。

因此，对于一些不那么重要的决定，大脑尽量不让我们思考，而是在无意识之中采取习惯性行动。

别小看"习惯的力量"，它可是非常强大的。

如果您帮孩子把好的行为养成习惯的话，那么孩子就能轻松愉快地不断重复这种好的行为。

如果帮孩子把"从补习班回来后先进行复习"的行为变成像"穿袜子先穿右脚"那样自然而然的行为，那么孩子回家后决定先进行学习，就不用消耗多少能量，而是以习惯的形式，不经意间就完成了。

可以想象，养成这样的好习惯后，孩子的成绩想不提高都难。

那么，怎样做才能让好行为变成习惯呢？

这个问题正是**本书的主题**。

☑ 培养良好习惯，是有方法可循的

多次重复一种行为，它就会变成一种习惯。换句话说，行为的重复会形成习惯，因为习惯，同样的行为又会被不断地重复。行为和习惯之间就是这种相辅相成的关系。但是，人的行为容易受眼前诱惑的影响，因此形成坏习惯很容易。但要改变坏习惯，就要下一番苦功夫了。

要养成好习惯，最重要的是掌握"**培养习惯的技巧**"。

无意识的行为，不需要大脑做判断、决定，因此非常节省能量，而且十分高效

美国芝加哥大学凯特琳·尤里和埃利特·费什巴赫的最新研究，揭示了养成好习惯的人的一些性格特征，也揭示了养成不好习惯的人的一些性格特征。

他们的研究显示：**即使是性格中忍耐力很强的人，在培养长期习惯的过程中，也容易失败**。

那么，到底什么样的人才更善于培养好习惯呢？

关于这个问题我将在**第三章**中为大家详细介绍。

如果能够通过"战略性行动计划"将每一次行动都变成好的行动，那么接下来就有可能通过"培养好习惯的技巧"，将这些好的行动变成习惯。

关键点

- ☑ 人的行为有 90% 以上都是无意识的习惯行为。
- ☑ 将好的行动培养成习惯后，人就可以轻松愉快地不断重复这个好的行动。
- ☑ 培养长期的习惯，难度比较高。

05 良好习惯可以改变"性格"

良好的行为如果形成习惯，那么最后甚至可以改变人的性格。

"改变性格？"——真有这种事吗？

我的回答是："有！"

不可否认的是，人的性格确实不容易改变，正所谓"江山易改，本性难移"。实际上，人的性格有将近一半是由遗传因素决定的，也就是先天形成的。

但由此我们也知道，**性格还有一半是后天因素形成的**。

民间流传一句谚语："三岁看小，七岁看老。"但实际上，人在幼儿时期形成的性格并不会被固定一辈子。

美国伊利诺伊大学的布兰德·W.罗伯茨博士等人进行的研究表明：随着年龄的增长，人的性格是会发生改变的。年龄越小，人的性格发生改变的可能性越大；但即使人到了老年，性格依然有可能发生改变。

因此我们认为："性格是可以通过本人的后天努力加以改变的。如果是孩子，那改变的可能性更大。"

既然可以后天改变性格，那我们不如先设想好自己喜欢的性格，然后朝着目标不断努力，也许有一天我们就会变成自己理想的样子。

✓ 如何改变性格呢？

那么，我们怎么做才能改变性格呢？

方法就是**按照自己理想的性格去培养习惯**。

"一开始是人培养习惯，后来就是习惯培养人。"

"习惯将成为人的第二天性。"

"让习惯成为习性。"

无问东西，也不管古今，世界各地都流传着与上述谚语类似的观念，科学家也用实验证实了这些观念的正确性。

美国伊利诺伊大学的尼桑·W. 哈德森博士等人以学生为对象，进行了一项为期 16 周的实验。

最初，哈德森博士对受验学生进行了性格测试，16 周后再次对他们进行性格测试。在参加实验的学生中，最初就有一些人"想改变自己的性格"。经过前后性格测试的对比发现：有意愿改变自己性格的受验者，性格真的发生了变化。

而且，如果实验人员对受验者提供支持，比如帮他们制订"战略性行动计划"，那么受验者采取良性行动的概率会大幅提高，随之而来的，是受验者性格的改变也比较大。

由此可见，受验者实现了**从行为到性格的改变**。

☑ 当行为习惯化之后，人的性格也会随之改变

在前面的小节中我们讲过，有些孩子先天的性格就是缺乏耐心，

性格可以通过本人的努力加以改变。只要反复采取"与理想性格相称的行为"，并使其成为习惯，总有一天我们会拥有"理想的性格"

不善于静下心来踏踏实实地学习，但即便是这样的孩子，也可以通过制订战略性行动计划，来改造他们的行为。而且，他们将这些良好的行为形成习惯之后，再经过长期坚持，就可以改变他们的性格。

我们不仅可以把孩子的性格改造成踏实学习的"认真型性格"，也可以按照希望，培养他们善于与人交往的"社交型性格"、对世界充满好奇的"好奇心旺盛型性格"。**只要让孩子采取与目标性格相符的行为，并不断坚持形成习惯，孩子就会拥有目标性格。**

接下来，就让我们使用形成习惯的技巧，来改造孩子的性格以及父母的性格吧！

关键点

- ☑ 性格有一半是后天因素决定的。
- ☑ 根据理想的性格，培养相应的习惯。
- ☑ 改变行为习惯，就可以改变性格。

06 培养好习惯的技巧，使人生更加轻松快乐

读到这里，相信您已经了解"战略性行动计划"和"培养习惯的技巧"具有强大的力量。决定人生能否取得成功的，不是"头脑的聪明程度"而是"能否坚持不懈地努力"。

但也有人认为，"坚持不懈地努力"是性格中"忍耐力强"的表现，是天生的能力。如果把"坚持不懈地努力"看作"与生俱来的能力"，那么，孩子的未来从出生那一刻起，就已经有了定数。

我认为这种观点是错误的！

☑ 使行为习惯化，并不断反复、持续

人的行为可以通过"技巧"进行自我控制，并不一定完全受制于性格。另外，将行为变成习惯，并不断反复、持续，也可以通过"技巧"加以实现。

进一步讲，当一些行为形成习惯后，人就会毫无压力地不断反复、持续进行这些行为，从而使人天生的性格也发生改变。

当人的性格发生改变后，在遇到某些情况时（在没有事先制订行动计划的前提下），自然而然选择的行动也会不同于以往。如果人在所有情况下都能自然而然地选择正确的、好的行动，那么不管在学习、工作、健康管理还是人际关系上，都会进展得很顺利，并最终获得成功。

所有事情都进展得很顺利，那不正是我们期待的理想人生吗？

您想不想把这样的人生作为礼物送给自己的孩子呢？

如果您有这样的想法，那就把下一章我教您的技巧教给自己的孩子吧。

☑ 勉强自己的"努力"不能持久，所以要将其习惯化

本书最重要的核心就是"**培养习惯的技巧**"。

人的短期行为可以通过"制订战略性行动计划"加以控制。但这只不过是"一时的""暂时的"努力罢了。所谓"努力"，就是不同于平时的行为，隐含着"超越平时行为"的含义。

因此，从另一个角度说，这种努力是无法长期维持的。

举例来说，有的孩子每天都自然而然、扎扎实实地学习，而有的孩子只在期末考试前拼命学习一到两周时间。短期看，后者也许能考出不错的成绩，但从长远角度看，哪种孩子在学习上能够最终获胜？当然是每天踏实学习的孩子。

其实，做任何事情都是同样的道理。

再比如，眼看快到夏天了，有些人急忙开始减肥，通过一两个月的节食、运动，确实也能让体重降下来。但与长期坚持健康饮食、运动的人相比，谁的体形更好、更健康呢？当然是后者。不管做什么事情，**最终胜利的人肯定是把这件事情当作一种"自然而然的习惯"来做的人**。因此，"培养习惯的技巧"比"制订战略性行动计划"更为重要。

努力固然重要，仅靠一时的发奋努力，也许能够获得短期的成绩，但长期来看，迟早要露出破绽。只有把学习变成一种习惯，才最省能量，才能自然而然地长期坚持

另外，人的性格在何时发生什么样的变化，以及由此带来的行为变化，人是无法有意识地去控制的。但是，习惯可以有意识地加以控制。因此，我们**应该把性格的变化看作培养习惯的一个附带结果**。只要把意识和精力集中在培养良好的习惯上，日后性格也会朝好的方向改变。

从今天开始，我们就迈出帮孩子培养好习惯的第一步吧！

关键点

- 将好行为变成习惯。
- 养成好习惯，也会改变性格。
- 性格的变化是养成好习惯的一个附带结果。

第二章

2

"目的"与"目标"的差别及其各自的作用

在这一章中，我要为大家讲解目的与目标的差别，以及它们各自的作用。在培养学习习惯的早期阶段，目的和目标非常重要。如果不能让孩子把"自己想要的理想状态"与"学习"联系起来，那么孩子就不会把学习当作自己的事情，缺乏主体意识，自然也就不会有干劲儿。我们要教孩子清晰地把握自己的目的、目标以及当前所处的位置，这样才能更好地激发他们的学习积极性。

肯努力的孩子，不仅学习用功，还能抵御各种诱惑。

没错。但说实话，别说孩子，成年人也有自己难以抵挡的诱惑。

拿我来说吧，毛绒玩具的诱惑对我是致命的。

这……

啊

但面对这样的诱惑，可以通过制订行动计划来抵挡。

我也有死穴，把美味的甜品摆在我面前，要让我忍住不吃，那简直比登天还难。

如果眼前出现甜品，可以转身离开……当成功抵挡这次诱惑之后，可以逐渐把转身离开这样的正确行动培养成习惯。

你说习惯能改变性格，我还是头一次听说，很吃惊呢！
让好的行为形成习惯非常重要。
另外问您一句，要想迈出培养好习惯的第一步，需要怎么做，您知道吗？
习惯！
欸？
是有意识地培养好习惯吗？我不太清楚……
那么，接下来我就从这个问题开始讲起！

01 首先明确"目的"

下面，我们就教大家如何培养好习惯。

首先应该做的是有明确的"目的"。

没有明确的目的，我们就不可能迈出培养好习惯的第一步。要想帮孩子培养出好习惯，首先要让孩子明确"我想成为××""我想做××"。

那么，我想先让大家思考一个问题，您家孩子有明确的**学习目的**吗？

☑ **如果孩子问："我为什么必须得学习呢？"父母该怎么回答呢？**

在这里我想先提醒各位家长朋友注意一个问题，那就是"为了提高学习成绩""为了将来有更好的出路"等并**不是学习的全部目的**。

典型的缺乏目的意识的孩子，在父母督促他们学习的时候常会提这样一个问题：

"我为什么必须得学习呢？"

说不定您的孩子就向您提过这样的问题。

这种时候，如果父母给出的答案只是"学习可以带来的好处"，比如"提高学习成绩""将来有更好的出路"等，一般情况下孩子是听不进去的。

他们为什么听不进去呢？其中的原因有两个。

第一个原因，当孩子问那个问题的时候，他们"只是想发泄心中的不满情绪"，并不是想认真地搞清楚学习的理由。

其实不仅限于学习，关于其他事情当孩子问"为什么"的时候，他们多半只是想表达自己的不满情绪。

"吃饭前不要吃点心，否则一会儿就吃不下饭了。"

"哎！为什么？"

孩子这样问"为什么"，就是表达不满情绪的典型例子。

从前面的对话我们也可以看出来，父母在阻止孩子饭前吃点心的时候，已经把理由——一会儿就吃不下饭了——说得很明确了。明知理由还问为什么，就是孩子在表达不满情绪。

面对孩子的"不满"，如果父母还喋喋不休地讲道理，其实对改变孩子当下的情绪一点帮助也没有。

第二个原因，当孩子在问"为什么"的时候，其实他们"已经知道其中的理由"了。

努力学习的话，成绩就会提高。

成绩提高了，就能考上好的中学、好的大学，毕业后找到好的工作。

这样的话，未来自己的人生道路就有更多的选项，可以挣更多的钱，过更好的生活。

其实孩子知道个中道理。

当发泄完不满情绪，冷静下来之后，他们甚至会自己讲出努力学习可以带来的好处。

对于孩子已经知道的道理，父母或者老师再喋喋不休地讲一遍又一遍，肯定是毫无意义的。

☑ 孩子专门来问这个问题，是因为他们真的没有想明白

那么，孩子明明知道努力学习的好处，为什么还会对学习产生不满情绪呢？

因为**他们只是知道其中的道理，但并没有真正明白**。

他们**并没有把学习当作自己的事情**，换句话说，在学习中他们缺乏主人翁意识。

请大家想象一下如下情形。

现实中有不少成年人明明知道吸烟、喝酒的危害，可就是戒不掉，身体已经出现各种问题，甚至患上代谢综合征，他们还是继续吸烟、喝酒。

每年体检的时候，医生都会批评他们一顿，"你要控制吸烟、喝酒的量。必须坚持适量运动，减轻体重。否则的话，就会患上'三高'、糖尿病等生活习惯病"。

医生批评过之后，可能管用几天。

不久之后，他们又会过上和以往一样的不健康生活。

他们还会给自己找借口说："我也知道戒烟、戒酒、减肥后，身体能保持健康。我也想要健康的身体，可健康之后又怎样呢？克制自己的爱好，即使活得再久，也只是徒增无聊的时日。所以，我觉得还是应该尽情释放自己，做自己想做的事，哪怕少活几年，人生也值了。"

恐怕现实中抱有此类想法的人不在少数，这就是典型的"**知道道理，却并没有真正明白**"。

✅ 如果不能明确学习的目的，就不会把学习当作自己的事情去努力

目的，换一种说法可以表述为"**我们想要获得的理想状态**"。

"想要提高自身成绩"的孩子，他们的目的就是"取得好成绩"。

如果把"考取名校"当作自己"想要获得的理想状态"，那么"取得好成绩"就是实现这个目的的手段。

换句话说，如果把"将来我想当一名医生"作为自己"想要获得的理想状态"，那么，"考取医科名校"就是实现目的的手段。

反过来讲，有的孩子出于好奇心，"很享受学习这件事情"，那么，"学习"本身就成了他的目的。

对这样的孩子来说，"取得好成绩"只是他们实现目的的过程中获得的额外收获，或者叫附带结果。

不管怎样，我们必须让孩子把"想要获得的理想状态"与"学习"这个行为联系起来。

否则的话，孩子不会把学习当作自己的事情去努力，也不会迈出朝着理想前进的第一步。

因此，您要做的第一步是让自己的孩子"**具有目的意识**"。

✅ 如果能够正确设定学习目的，孩子势必会迅速成长

在我教过的孩子中，有不少都确立了简单明了的目标，比如"我要考那所初中"。

然后在学习过程中，我发现他们非常积极主动。

我经营的培训机构叫作"伸学会"。在我们"伸学会"上课的孩子中，有一些并不是在老师或者家长的命令下学习的，他们甚至会在没有课程安排的日子主动到我们机构来上课。

学习的目的：我要考上那所名牌中学，因为那所中学升东京大学的比例很高！

加油！

只要确立了学习的目的（即想要获得的理想状态），孩子就会把学习当作自己的事情，而积极自主地去学习

您的孩子也能变成自主学习、热爱学习的孩子。

"话虽这么说,但怎样才能帮孩子建立目的意识呢?"

想必不少家长都有类似的疑问吧?

所以,在下一节中我将为您介绍**帮孩子建立目的意识的一些方法和技巧**。

关键点

- ☑ 对于孩子的不满情绪,即使家长拼命讲道理,他们也不一定能理解。
- ☑ 确立学习的"目的"。
- ☑ 所谓"目的"就是"想要获得的理想状态"。

02 激发孩子"干劲儿"的"三个要素"

发自内心想做某件事情的干劲儿，叫作**"内在动机"**。

要想激发孩子的内在动机，以下三个要素非常重要：（1）自律性；（2）良好关系；（3）达成感。

（1）自律性＝自主选择

（2）良好关系＝要和周围人保持良好的人际关系

（3）达成感＝认为自己只要做就能成功

大家可以按照上述简要的表达来理解这三个要素。孩子只要能具备其中一两个要素，就可以激发出学习动力。**如果能同时具备以上三个要素，那孩子在学习中肯定干劲儿十足。**

可是，父母怎样教育孩子才能让他们具备这些要素呢？

☑ 全权交给孩子自己去做，进展不顺利的时候再根据情况帮他修正

首先，为了让孩子找到自律的感觉，父母要**将跟学习有关的选择权尽量交给孩子**。比如，什么时候开始写作业，先写哪个科目，在哪里写作业，怎么写，等等，都交给孩子自己决定。

不要老是在一旁对孩子唠叨："写到笔记本上啊""要用竖式做计算题"……这样的指示、命令越多，孩子就越会觉得学习无聊。父母最多只能给出建议，比如"用竖式做计算题准确率会更高一些吧"，而且还要说清楚"为什么用竖式计算准确率更高"。但最后怎么做，还是由孩子自己决定。

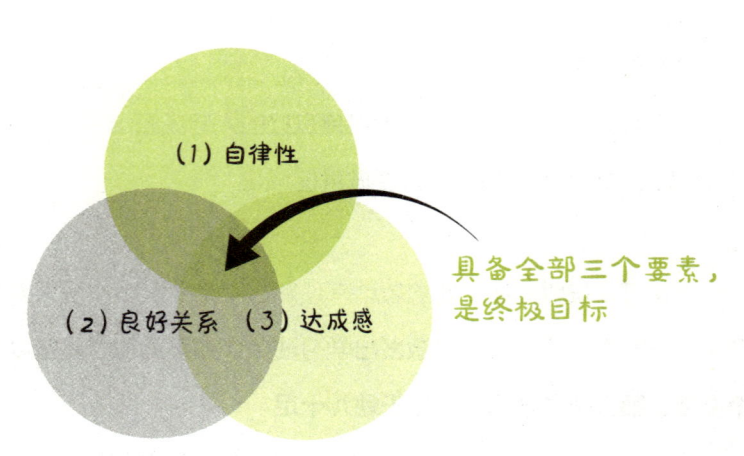

（1）自律性

（2）良好关系　（3）达成感

具备全部三个要素，是终极目标

孩子和父母的关系好，还能自主设定现实可行的目标，那孩子做事情的积极性肯定高

如果孩子不听家长的建议，也不要当场指正他，而是**等他因此吃亏的时候**，比如"没列竖式而导致计算出错"时，**家长再让孩子自己反省**。孩子只有吃过亏，才会知道家长意见的正确性。

总而言之，**孩子只有体会到自己做选择的感觉，才能享受学习的乐趣**。

至于学习的目标，同样应该让孩子自己选择。只有"决定权在自己手中"，才能真正激发出孩子的学习干劲儿。

根据我的经验，有一部分家长会帮孩子选择升学的目标学校，然后给孩子报培训班，让他们去补习。虽然在日本这样的家长不算多数派，但也为数不少。这种家庭中的孩子，学习意愿大概率比较低。所以，我们不能把学习强加给孩子，而应该引导他们，让他们自己想要学习，并给他们讲清楚努力学习的好处。在听取他们学习感受的同时，**让他们自己决定以后该何去何从**。

在决定目标学校的时候，也是同样的道理。家长应该多带孩子去参观各种中学的开放日、文化节等，让他们多见识不同的学校，然后自己选择喜欢的。

如果是已经确定了远大理想的孩子，那么家长应该给孩子讲清楚"眼前的努力学习和实现梦想之间存在怎样的联系"。关于这一点我将在**第二章第三节**中为大家详细介绍。

☑ 孩子"能做好的事情"，要及时给予褒奖

其次，家长还要注意和孩子保持良好的关系。

在我教过的孩子中，有不少都是家长非常严厉，经常催促他们："赶快去学习！"在这样的环境中，他们对父母非常反感。甚至有孩子说："**我努力学习的话，爸妈就会高兴。但我觉得让他们高兴我就输了，所以我不想学习**。"

我们都有这样的体验，如果是自己喜欢的人、尊敬的人劝我们"你应该×××"，那我们愿意尝试一下。但如果是自己讨厌的人说同样的话，即使我们心里知道他说的有道理，也不想做。不仅孩子会这样，就连大人也有同样的心理。

我经常听家长说，"孩子身上的坏毛病一定要尽早纠正"。他们也经常会批评孩子身上的缺点。但我要提醒这样的家长，如果您总是盯着孩子的缺点批评他们的话，他们会讨厌您。

而且，孩子不仅会讨厌家长，还会讨厌自己，因为在父母的高频率提醒下，他们也强烈意识到自身的缺点。时间长了，孩子必然会丧失自信。不管是讨厌父母还是讨厌自己，对激发孩子的学习热情都没有任何好处。

在家庭教育中，亲子关系永远大于教育。为了和孩子保持良好

的亲子关系，家长不应该时刻盯着孩子的缺点，而**应该有意识地发现并关注孩子身上的优点，对他们做得好的事情，要及时表扬或者奖励。**

孩子和父母关系好的话，父母的建议，他们才愿意听取、接受。

☑ 不要设定门槛过高的目标

最后讲讲"达成感"，就是让孩子感觉"我能做好""下一次我只要做，还能做好"，说白了，就是让孩子产生自信。

为此，不能让孩子设定门槛过高的目标，最后实现不了，会挫伤孩子的积极性。

可以从小目标一步一步做起，每实现一个小目标，孩子就能积累一定的成就感，积累多了，便有了自信。

"只要我做就能做好"的体验不断积累，孩子的自信心不断增强，渐渐地他们就会敢于挑战较高的目标。而随着能力的提升，较高的目标也有实现的可能。

家长千万不能急于求成，要陪着孩子由浅入深、由简至难。

以上就是激发孩子内在动机，也叫内驱力的三个要素。家长朋友可以有意识地结合这三个要素**培养孩子的目的意识**。

另外，据科学研究表明，思考"**为什么应该这么做**"比思考"如何做"更能激发人的动力。

举个例子，研究人员让一组实验者思考"健康为什么如此重要"，而让另一组实验者思考"保持健康的方法"。结果，第一组实验者更容易抵御眼前不健康生活方式的诱惑。

为了让孩子提高学习成绩，让他们思考"怎样努力才能提高成绩"固然重要，但相比之下，让他们思考"**为什么要学习**"，更能够有效地帮助他们提高成绩。这也说明了目的意识的重要性。

当孩子初步具有了目的意识，迈出第一步后，家长要学会在背后助推他们迈出第二步，第三步……这就涉及"进一步的目的意识"，我称之为"**目的再确认**"。

关键点

- ☑ 有关学习的选择、决定，都交给孩子自己来做（父母可以提供参考意见）。
- ☑ 良好的亲子关系胜过任何教育。
- ☑ 最初的目标不要设定太高，应该是孩子通过努力可以达成的目标。

03 "目的"与"目标"的差别是什么?

明确目的之后,下一步要做的就是设定**目标**。目的和目标有相似的意思,但明确二者的不同,并分开使用,才更容易达到最终的目的。

"孩子自己说想考上好初中,可就是不学习。"

相信有不少家长都有类似的烦恼吧?因为有不少家长来找我讨论这个问题。

孩子为什么会出现这种情况呢?**因为孩子虽然有明确的目的,却没有面向这个目的设定切实可行的目标。**

☑ 目的是"最终的目标",目标是"达成目的过程中的若干检查点"

正如我前面讲过的,目的是最终想获得的"理想状态"。

与此相对，目标是通往目的的路上的"**检查点**""**通过点**"。

"朝这个方向走的话，会到达目的地吗？"

"现在我走到了这里，继续按这个方向、以这个速度走下去的话，我能在期限内到达目的地吗？"

为了进行上述确认，我们就需要设定目标。假设孩子的目的是"考上××中学"，那所中学的录取分数线是 80 分。而孩子现在的分数是 70 分，那么现在他应该考虑的问题是"我应该在×月的模拟考试中考到 75 分以上"。也就是说，为实现目的，设定第一步目标。

✅ 要走到很远的目的地，路途中没有目标的话，很难达到终点

设定了第一个目标之后，孩子有可能朝着目的地迈出第一步。**尤其是目的地很远的时候，先为眼前设定一个近距离的小目标具有重要意义。**

如果孩子的目的是"学习本身（他很享受学习）"或者"想取得更好的成绩（更好的成绩代表更优秀的自己）"，换句话说，他们的目的就在眼前，并不遥远，那么他们很容易迈出第一步。

但如果孩子的目的是"想考取××名校"或"将来想当科学家"，这样的目的就比较遥远了。此时，如果没有小目标的话，他们就会无所适从，不知从何下手。结果就会陷入看不清方向的迷失状态。

当自己的目的"想考取××名校"或"将来想当科学家"无法与眼前的学习联系在一起的时候，孩子当然提不起干劲儿来。

仔细思考一下我们就会发现，这是理所当然的结果。因为孩子从现实的角度出发，感觉今天自己学习或者不学习，对"考取××名校"的影响非常小。也就是说，因为目的太远，他们感受不到危机。

如果对小学生说"将来你想当医生的话，现在要好好学习"，孩子会感觉"当医生"太过遥远，他们无法将这个目的与眼前的学习联系起来，因此提不起干劲儿来

所以他们会感觉努力学习与达到目的之间不存在什么联系。

因此，**我们需要引导孩子设定小目标，因为这是通向目的地的"通过点"。比如，让孩子设定"这次的模拟考试要考××分""下次课堂小测要考××分"的一个个小目标**，借此让他们把眼前的学习与最终"考取××名校"的目的联系起来，他们自然就会行动起来了。

☑ 如果能够真切地感受到未来自己的样子，就可以提高自制力

人如果能将"现在的自己"与"未来的自己"联系在一起，并真切地感受到未来自己的样子，将会极大提高当前的自制力。科学家已经通过实验证明了这一点。

美国斯坦福大学的研究人员哈尔·阿斯纳·哈什菲尔德曾在学生中做过一个实验：他先对学生进行调查，问他们："你认为现在的自己与未来的自己存在什么样的联系？"接下来，再对他们进行一系列有关自制力的测试。

结果发现，认为现在的自己和未来的自己之间距离越近的学生，自制力就越强。

哈什菲尔德还进行了另外一项有趣的实验。

他将接受实验的学生分成两组。对于第一组学生，哈什菲尔德用他们的照片制作成"老年形象"，并让学生在 VR（虚拟现实）空间中与这个虚拟的"上了年纪的自己"面对面对话。学生问"你叫什么名字？""你从哪里来？""什么事情让你感觉人生充满激情？"等话题，而 VR 空间中的虚拟形象会回答这些问题，学生感觉仿佛在和"未来的自己"对话。

对于第二组实验学生，哈什菲尔德则只让他们对着镜子看"现在的自己"。

然后，他对两组学生说："假如你意外获得了 1000 美元，你将怎么用这笔钱？"结果，第一组学生将这笔钱存入退休金账户（为未来的储蓄）的人数，是第二组的 2 倍以上。

由此可见，**如果一个人能够真切感受到自己在未来的状态，那么他就容易抵御眼前的诱惑，而选择对自己的未来有好处的行动。**

☑ **"想要考上理想的中学"，那就要回顾"过去的自己"**

让人更加真切地感受到未来的自己，其实还有很多方法。比如，"想象自己未来的样子"，或"给未来的自己发一条消息"等，都是有效的方法。

在我们伸学会，我会让小学五六年级，即将面临升学考试的孩子写一篇**《升学成功体验记》**。

在这篇文章中，我会让孩子们想象自己已经考上了理想的中学，在此基础上让他们想象着写"当看到自己榜上有名的时候，是什么心情？""回顾自己的成长轨迹，看看这一路上，过去的自己（实际上是未来的自己）付出了哪些努力，才取得了今天的成功"。

通过这种方法，可以让孩子更加真切地感受到未来自己的样子。

站在未来的角度回顾"成长的轨迹"，其实相当于站在现在的角

让孩子假设自己已经考上理想的中学，然后写一篇《升学成功体验记》。站在未来自己的角度回顾自己的成功轨迹，那么这个想象出来的成功轨迹也将具有现实指导意义，同时还可以激发孩子的学习积极性

度看"今后即将走的路"。与单纯想象自己成功考上理想中学的样子相比，**让孩子想象成功的过程，可以让他们对成功产生更加真实的感觉。**

绝大多数孩子都喜欢写《升学成功体验记》，而且写了之后他们的学习热情明显提高了。

再强调一遍，让孩子把"现在的自己"和"未来的自己"联系起来，对于激发他们的学习积极性，在学习中发挥超强的意志力，非常有帮助。

也正因为如此，孩子们为了实现"目的"，即"想要获得的状态"，首先需要在"现在的自己"与"目的"之间连接一条道路，然后在这个道路上设定若干"目标"。每一个"目标"都是引导孩子走向最终"目的"的路标。

关键点

- 理解"目的"和"目标"的区别，并合理使用它们。
- 目的地太远，就要在过程中设定多个阶段性目标。
- 真切地感受未来的自己。

04 把"结果目标"落实为"行动目标"

前段时间,考试结束,我带领学生们开了一个总结会。

我问一个加入伸学会不久的孩子:"为了取得更好的成绩,你认为应该怎么做?"那孩子回答:"我觉得《社会》第 17 章农业的部分如果我背得再熟一点,就可以考得更好。"

我乘胜追击,继续问道:"那你认为接下来该怎么做呢?"结果他沉默了,因为他并没有想过该怎么做。

您知道吗?这个孩子现在处于一种**危险状态**。

这名同学虽然嘴上说"想把《社会》第 17 章农业的部分背得再熟一点",但他并没有思考具体该怎么背。

当然,他表达了自己的想法之后,**也不会采取任何具体的行动,结果就这样迎来了下一次考试**。可想而知,成绩当然不会提高。

这样的问题可不仅仅出现在那名同学身上，很多小学四五年级的孩子都存在类似问题。

也就是说，孩子确立了最终的目的，也为实现目的设定了目标，那么接下来要做的事情就是要设定具体的**行动目标**，大多数孩子恰恰在这个环节出现了漏洞。

✓ 行动目标要设定为"具体的""可以测定的"

"下个月的模拟考试我要考 85 分以上"，像这样的目标叫作结果目标。设定结果目标之后，孩子的干劲儿就会得到一定程度的激发。

但是，随后如果不确定"具体该怎么做"的话，孩子是不会行动起来的。

所以，**为了实现结果目标，有必要让孩子设定具体的行动目标（在这里是学习计划）**。

设定行动目标的目的，是为了管理自己的行动。

因为，行动目标的内容必须是可以管理的，否则就没有意义。

因此我告诉我的学生，行动目标必须是"**具体的**""**可以测定的**"。

举例来说，"我要提高自己的计算能力"，这个目标作为行动目标就不合适。

怎么提高计算能力呢？这个目标并没有制订具体的行动计划。而且，最终也没有办法用数值测定"计算能力是否提高了"。

再比如，"我一定要注意不能读错题干"，这也是不切实际的行动目标。

和前一个例子一样，同样缺乏具体性，也无法测定。

现实中，设定这种行动目标的孩子，绝大部分的成绩都会停滞不前。

所谓"具体"，是指"任何人听了都能明白"，而且，"让别人做的话，别人也知道该怎么做"。

假如对学生说"一定要注意不能读错题干"，可孩子并不清楚具体怎么做才能不读错题干。但如果说**"为了不读错题干，你可以用笔把题干中的关键词圈出来"**，这样说，是不是学生就知道该怎么做了？

所谓"可以测定"，是指"可以用数值表示"。

孩子说"我要把数学练习册好好做一下"，但是做多少他自己心里并没有打算。

换一种说法**"我要把数学练习册第 × 章做 3 页"**，是不是就一目了然了。

只有**设定这样一目了然的目标**，才能更好地管理自己设定的行动**目标**。

☑ 设定数值化的行动目标，让父母可以更好地为孩子提供支持

很多情况下，即使我们告诉孩子要设定"具体的""可以测定的"行动目标，他们一开始也不一定能很好地掌握这种设定目标的技巧。所以，一开始，对于孩子设定的不完善的目标，家长应该通过反复追问"做什么？""做多少？"，并给孩子提供一些选项，来引导他们正

> 我要把数学练习册第×章做3页！

"行动目标"需要是"具体的""可以测定的"。很多孩子还不会正确设定目标的方法，父母需要进行支持和引导

确地设定行动目标。

如果孩子说："我要好好学数学。"父母可以试着问他："怎样学？""做多少题目才算实现目标？"如果孩子回答不上来，父母可以通过提供选项的方式加以引导，比如说："××和○○，你觉得哪种方式好一些？"

对于依然不知所措的孩子，父母只好进一步进行引导。可以问："你觉得练习册中哪些题对你帮助更大？"已经具体到这种程度，一般孩子都知道该怎么做了，他们可能回答："把练习册中的基础问题再做一遍，我就能打牢基础了。"

家长一定要理解，小学生的心智尚未成熟，让他们自己思考设定行动目标的正确方法，多少有些难为他们。

所以，家长第一不要强求，第二不要发脾气，只为他们提供支持和引导就好了。

☑ 与"不能做"的目标相比，"应该做"的目标更好

再给朋友们介绍一个设定目标的小窍门。您觉得**"不能做××"与"应该做××"相比，哪个目标实现的概率更大？答案是后者实现的概率更大。**

举个例子，假设一个人想减肥，他设定的行动目标是"为了减肥，我不能吃糕点等甜品"，这就属于"不能做××"的目标。如果换一种说法"为了减肥，当我想吃甜点的时候，我就吃水果"，这样的成功概率更大。

再回到孩子的学习上，"计算不能出错"和"在草稿纸上列竖式计算，并进行验算，保证计算正确"相比，后者更好。再比如，"不能玩游戏"和"想玩游戏的时候就读书"，也是后者的成功概率更高。

孩子在设定行动目标的时候，或者对自己的行为进行管理的时候，都可以参考上面这个小技巧。

关键点

- 设定行动目标（该做什么）。
- 行动目标必须是"具体的""可以测定的"。
- "不能做××"与"应该做××"相比，后者更好。

05 通过"5个规则"设定目标，才能帮孩子提高成绩

在设定目标的时候，除了前面讲的"具体的""可以测定的"，还有3个重要规则，接下来就为您一一介绍。

这3个规则分别是"**具有关联性**""**设定期限**"和"**内容的可实现性**"。

☑ 具有关联性

"我家孩子只花精力学他擅长的科目和喜欢的科目，不擅长的科目则完全不想碰。擅长的科目总能考80分以上，但提升空间也不大了。不擅长的科目只能考40分，提升空间很大，可他就是不愿意学。"

您有没有类似的烦恼？

小学生的视野没有成年人的宽阔，除了"眼前"的事情，他们很少考虑其他事情。

现在想做的事情，他们就会优先去做。

所以，对于孩子，我们要**先引导他们确定目的，然后让他们思考为了达到目的该采取哪些行动**。

如果不按照这个步骤来走的话，即使父母命令孩子"你要重点学习自己不擅长的科目"，他们也无动于衷。

另外还有一种情况，**孩子想要学习，可是一直采用效率非常低的学习方法**。

举例来说，"只读课本"或者"用荧光笔在课文上勾画"。科学家通过研究已经证实，这样的学习方法效率非常低下。

您的孩子有这样的问题吗？

"读课本之后还要配合做练习题"，这是高效率的学习方法，可是做题要耗费脑力，肯定比较累。而孩子都怕累，所以他们容易选择逃避，只做不累的学习。

但是，不管学习还是体育锻炼，不达到一定的疲劳程度（一定的负荷），就不可能提升自己的能力。

选择轻松愉快的方法，结果只能是浪费时间，不会得到想要的结果，那样就太不值得了。

所以，作为家长、老师，我们必须告诉孩子，哪种学习方法是有效的，哪种学习方法是出工不出力的偷懒。

要想实现提高成绩或考上理想中学的目标，**要采取什么样的具体行动**呢？这一点需要家长和孩子一起研究、确定，并最终成为孩子的习惯固定下来。

在我教过的学生中，我只是教给他们高效学习的方法，帮他们改善了学习的内容和技巧，结果很多孩子的成绩突飞猛进。

也请您在家里**教会自己的孩子正确、高效的学习方法**，不要让孩子把时间浪费在无效学习上。

✓ 设定期限

有些孩子虽然想"我要把自己不熟悉的单元好好复习巩固一下"，但磨磨蹭蹭进展缓慢，等到回过神的时候，已经到了睡觉时间……这也是成绩总是停滞不前的孩子身上常见的问题。

其实回顾我自己的学生时代，也有拖延症的问题。

您家孩子有拖延症吗？

"学习总是往后拖，结果什么也没学。"

为了防止这种情况的发生，最好在学习之前先设定一个期限。

关于这一点我会在**第三章**进行详细讲解。

✅ 内容要让孩子感觉"我能实现"

要想让学习有效果，需要适度的负荷。

过于轻松，孩子无法成长，反之，负荷太强，孩子同样无法成长。

假设一个孩子的目标学校是排名第 50 的中学，如果让他做排名前 10 的中学的考试题，他肯定觉得太难，远远超出自己的水平，自然提不起干劲儿，甚至会产生放弃的念头。

==孩子学习的内容不能太简单，也不能太难，要比当前的水平稍微难一点，孩子努努力可以攻克，这才是让孩子在学习上迅速提高的秘诀。==

另外，从激发积极性的角度来看，孩子觉得"这项学习内容我估计能完成"的时候，才是最能激发积极性的。如果孩子觉得"这道题太难了，我做不来""题量太大了，我做不完"，那他肯定不愿意去做。

以上为 5 个规则：(1) 具体的；(2) 可以测定的；(3) 具有关联性；(4) 设定期限；(5) 内容的可实现性。

在成年人的商务世界中也有类似这 5 个规则的思考方法——**SMART 目标管理原则**。

Specific：具体的

Measurable：可以测定的

Achievable：可实现的

Relevant：具有关联性

Time-based：设定期限

具有关联性 = 计算训练

具体的 = 第X章

设定期限 = 周末之前做完

可以测定的 = 做3页

可实现的 = 基础问题集

根据SMART原则管理目标，孩子的成绩一定能够提高虽然这些英语单词比较难，但小学四年级以上的学生，只要反复记忆，一定也能记住。

为实现最终目的设定中长期"结果目标"的时候，SMART 目标管理原则非常重要。但是，**为了实现"结果目标"而设定"行动目标"的时候，SMART 思考方法更加有用**。

赶快把 SMART 目标管理原则教给您的孩子吧！

关键点

- 行动目标要"具有关联性"。
- 行动目标要"设定期限"。
- 行动目标的内容要具有"可实现性"。

专 栏

让孩子给别人提供建议，可以培养孩子的自信心

前面讲了，教孩子设定目标的时候，目标的内容应该让孩子感觉"这个我能完成"，即目标的可实现性非常重要。但是，"孩子是怎么感觉的"是非常主观的感受，家长难以把握和控制。

很多时候，我们大人觉得"这个目标很简单啊，你怎么做不好……"，但很可能这只是我们一厢情愿的想法，孩子也许感觉"这个目标难度太大了……"。

因此，我们要想办法培养孩子的自信心，让他们在面对一般目标的时候，都能自信满满地说："我能行！"

其实，培养孩子自信心最基本的方法就是**成功体验的积累。哪怕是小的成功体验，积累多了也能帮孩子建立自信，让他们敢于去挑战更难的任务**。

可是，积累成功经验是需要很长时间的，而且迈出第一步是最难的。很多孩子无法迈出第一步，所以他们一直处于停滞状态，一直缺乏自信。这样的孩子该怎么建立自信呢？

在这里我为大家介绍一个小技巧。

为了帮孩子建立自信，让他"**给别人提供建议**"是个有效的方法。

针对中学生的一项研究发现：经常给学弟、学妹提建议的学生，学习热情更高，投入学习的时间也更长。

为什么给别人提供建议可以提高自己的学习积极性呢？因为给别人提供建议，会让人感觉"**别人对自己有所期待**"，而这种被需要的感觉就和自信心直接相关。

前面讲过让学生写《升学成功体验记》的作用。作为它的延伸，我们可以对孩子说："你再设想一下，当你升学成功之后，如果请你给学弟、学妹一些建议的话，你会说些什么呢？"别看只是设想，对于提高孩子的自信心也是很有帮助的。

第三章

3

迈出"第一步"的秘诀

从自己的房间中把练习册和笔记本带到客厅,开始做计算练习。

周四

下午5点。

要培养习惯,需要从一遍又一遍地重复某种行为开始。在这一章中,我将为大家介绍控制自己行为的方法,这是实现目标的必经之路。灵活运用这些方法,就可以大大提高实现目标的概率,这一点已经经过科学验证。

① 译者注：这个典故出自《圣经·新约·使徒行传》9：18，有认清自己的错误、觉醒的意思。

但孩子真的会自觉这样做吗？
你不是在给我画饼吧？
不管培养什么习惯，都需要孩子自己迈出。『第一步』而迈出最初的一步是很难的。
就像学骑自行车时，第一步要让自行车滑行起来！
没错！
在这一章里，我就将教您如何引导孩子迈出重要的第一步！

01 任何习惯都是从"最初的一步"开始

读到这里，相信您已经学会引导孩子正确设定目的、目标的方法。接下来，为了实现目标，我们要教孩子勇敢地迈出第一步。不管什么习惯，都是某种行为不断重复形成的。**如果我们能让每一次的行动都变得简单易行，而且可以让孩子长期反复实行下去，不就逐渐形成习惯了吗**？下面我就为您介绍其中的窍门。

包括小学生在内，大家都知道，为了提高学习成绩，为了考上理想的学校，必须要加强学习。可是说起来容易做起来难，孩子虽然明白这个道理，却难以落实到行动中。那怎样才能让孩子朝着目标行动起来呢？其中的**第一个秘诀**就是**设定"小目标"，降低行动的门槛**。

✓ 过高的目标只能让孩子丧失干劲儿

在**第二章第五节**中我讲过，目标要具有"可实现性"。如果让孩子觉得"这道题太难了，我做不来""题量太大了，我做不完"，那么他们肯定不愿意去做。

关于目标的"可实现性"，在这里我要详细讲解一下。

有理论认为，人的干劲儿，来自以下两个指标的乘积：一个是"对目标产生的价值感"，另一个是"对目标能否实现的预测"。美国心理学家约翰·威廉·阿特金森将其称为**期望－价值理论**。

即使我们感觉一个目标非常有价值，但如果同时感觉"这个目标太难了，自己做不到"的话，那我们也不会鼓起挑战这个目标的勇气。有些家长反映，"自己的孩子心中也有理想的学校，可就是对学习提不起劲儿来"。背后的原因之一，可能就是目标太高了。您家孩子是否也处于"有目标但不想努力"的状态呢？

☑ 把学习任务分割成若干小任务，一步步完成

解决"有目标但不想努力"的问题，化整为零是一个有效的方法。也就是说，将一个大目标拆分成若干小目标，一个个完成。

举例来说，有的孩子觉得学校的作业太多，提不起干劲儿来，一拖再拖不想做——这也是小学生中常见的现象。

遇到这种情况的时候，可以让孩子**把作业拆分成若干个小单元**。可以以 1 页为单位，也可以以 1 道题为单位，然后让孩子逐个单位

地完成。将大目标拆分成若干小目标后，每个小目标看起来难度都不高，这样一来，孩子就可以顺利地迈出第一步了。第一步完成后，他们感觉并不难，于是接着迈出第二步，第三步……就会持续走下去。

小学生的大脑尚未发育成熟，他们不善于看清遥远的未来。一些事情在我们大人眼中可能"很快就能完成"，但孩子可能就会觉得"这太难了""可能要花很长时间才能做完"。这种生理、心理上的不成熟导致的结果，我们是没法改变的。

这是几天的作业。语文的阅读理解题10分钟，数学的应用题20分钟，社会的时事题15分钟，总共45分钟就够了。

这样的话，看起来我能完成。

因为生理和心理尚不成熟，孩子不善于把握全局。所以我们帮他们把大目标化整为零，设定多个小目标，就会让他们感觉"没那么难""我能行"

在我的课上，当给学生们留作业时，他们也常会发出抱怨的声音："啊？这么多！"每当这时，我都会将作业题一一拆分，问他们："这道题你们估计用多长时间能做完？那道题呢？"然后让他们估计"全做完总共需要多长时间"，这样一来，他们意外地发现"原来也用不了多长时间嘛"！结果，就没有人再抱怨作业多了。

在家里，您也可以采取这种方法，教孩子把学习任务化整为零，通过设定若干个小目标，降低单个小目标的门槛。结果您会发现，孩子不会再像以前那么讨厌学习了。

刚才讲的是把任务总量进行拆分的方法，分解成多个小量任务。但其实也可以采取**将时间总量进行拆分**的方法，把整个总量时间分成若干小的时间段，一样能取得降低门槛的效果。

☑ 可以从"放学回家之后先把学习用具从书包里拿出来"开始

数学中会涉及一些作图或列算式的作业，很多同学都觉得很麻烦而不想做。这时家长应该鼓励孩子，并帮他们降低门槛，比如说："不管做得好坏，先做了再说嘛！"至少让孩子感觉"做了就比不做强"。

有些孩子会对准备学习用具感到排斥,他们觉得麻烦。因此,他们回家后就把书包一丢,不想学习。对于这样的孩子,家长可以告诉他们:"回家之后,先把学习用具从书包里拿出来嘛。"把学习用具拿出来,就做好了学习的准备,是学习的第一步。第一步迈出后,迈第二步的门槛就降低了很多。

要翻过面前的一堵高墙,任谁都会产生畏难情绪,但如果高墙前面是一级一级的台阶,那走上去就轻松多了。作为家长和老师,我们就要**在孩子学习的过程中,帮他们搭建台阶,让他们一步一步走上新的高度**。

关键点

- 将大任务拆分成一个一个简单易行的小任务。
- 设定若干小目标,降低行动难度。
- 减少单次的学习量,或缩短单次学习时间。

02 "if-then 计划"中隐藏着激发孩子积极性的开关

接下来是让孩子乐于行动的**第二个**秘诀。

在**第二章第五节**中，我讲过"何时做""做什么""做多少"的话题。

在此我将继续深入挖掘这个话题，给您介绍一个能够极大激发孩子积极性的方法——"if-then（如果－那么）计划"。

在实现目标的过程中，"if-then 计划"是一个非常强大的技巧。

美国纽约大学的佩塔·戈尔韦茨教授、美国宾夕法尼亚大学的安吉拉·达克沃思教授和美国哥伦比亚商学院的海蒂·格兰特教授共同进行了一项研究，研究结果显示：使用"if-then 计划"可以**让高中生在暑假里的学习量增加 2 倍以上**。

非常了不起！您想不想让自己的孩子也尝试一下"if-then 计划"？

✅ 确定"何时"学习

其实,"if-then 计划"的实施方法很简单。

事先决定"只要○○就□□"即可。

举个例子,"只要到了周一、周三、周五,早上在学习之前我就要做 30 分钟体育锻炼"。

顺便说一下,孩子只要遵守了**第二章第五节**中介绍的设定目标的 5 个规则,那么自然而然地就开启了"if-then 计划"。

关于"做什么""做多少",学校或补习机构都会以**作业**的形式明确告诉学生。

但是,学校或补习机构一般**不会指定"何时做"作业,**所以,孩子必须自己确定做作业的时间。

如果孩子不事先确定做作业的时间,那他们的头脑对什么时候做作业就没有一个清晰的认识。

结果,孩子虽然也知道"必须得做作业""我也想做作业",但就是"难以付诸行动"。

所以,我们要告诉孩子,在待办事项清单中不仅要确定"做什么""做多少",**还要写清楚"何时做",这一点很重要。**

☑ 确定学习的具体"状况"

接下来，**才是本小节的重中之重**。

要想将"if-then 计划"的效果发挥到最大，**必须把学习的状况设置得尽量具体详细**。

"在哪儿做""怎么做""按什么顺序做"……各种状况都要描述清楚。

举例来说，请大家看下面两个学习计划：

（1）到了周四下午 5 点，我就开始做计算练习。

（2）每到周末，我要为下一周制订学习时间表。

这样的计划对于学习已经非常有效，但如果加入具体细节，将会更加有效。

（1）到了周四下午 5 点，我就从自己的房间中把练习册和笔记本带到客厅，开始做计算练习，并仔细地画图、列算式。

（2）周日吃完晚饭后，我会坐在书桌前，打开笔记本，从周一开始为下一周制订学习时间表。

✅ 让孩子头脑清醒地顺利开始学习

像这样，预先制定好详细具体的学习计划，孩子头脑中就能清晰

周四
下午5点
从自己的房间中把练习册和笔记本带到客厅，开始做计算练习。

在学习计划中加入"何时做"，同时详细注明"在什么状态下做"，将会让孩子更加顺利地开始学习

地确定"执行任务的时间和细节",从而毫不迷茫、毫不拖延地付诸行动。

当人不知道该怎么做,或者为此进行思考的时候,就需要消耗额外的意志力。而事先制定好详细的计划,孩子就不需要消耗额外的意志力,他们可以把全部注意力都集中到完成任务上。结果可想而知,孩子可以更高效地完成学习任务。

另外,**当遇到意想不到的问题时,事先制定好"if-then 计划"的孩子能够更加坚定地克服困难,完成任务**。在困难面前,他们敢于挑战,失败了也会重新再来,直到取得成功。可以说,是"if-then 计划"增强了他们的意志力。

所以,赶快教会您的孩子使用"if-then 计划"吧!

关键点

- ☑ 行动计划中除了"做什么""做多少",还要写明"何时做"。
- ☑ 事先决定"只要○○就□□"。
- ☑ 计划制定得足够详细具体,孩子就可以心无旁骛地执行计划。

03 将学习习惯和其他习惯结合起来，打造"成功模式"

"if-then 计划"还有其他应用方法。

通过"if-then 计划"事先设定"何时做""做什么""做多少"，就可以打开孩子内在动力的开关，从而使学习获得极大的成效。

前面在讲"何时做"的时候，我举了一个例子，要预先设置在周几、几点开始做。但现在，我给您介绍另外一种模式，就是"**和其他习惯结合起来**"。

✅ 将"现有习惯"与"想要养成的新习惯"紧密联系起来

每个人都有许多习惯，只是平时没在意而已。吃饭、睡觉、刷牙、洗澡等，都是我们每天必做的事情。比如，不少人有一个习惯——回到家后先打开冰箱找喝的。大人可能找啤酒，孩子可能找汽水。喝上一大口冰镇饮料后，那心情真是舒畅至极……

以这些**日常生活中我们习以为常的事情**为基础，用附加条件的形式规定"做了〇〇之后，就要做□□"。

　　这样，一个新的行动计划就诞生了，而且执行起来不会有什么障碍。

　　举例来说，"吃饭的时候，我要确认一下每一种食材的产地，这样就学习了地理知识"。

　　我以前曾经要求自己"刷牙的同时做腰腿的拉伸锻炼"，现在这已经成为我的一个习惯。最近我又要求自己，"每晚进入卧室，上床睡觉之前，做一会儿拉伸锻炼"。因为和刷牙、睡觉这种每日必做的行为联系起来，所以我不会忘记做拉伸锻炼，而且心里也不会产生抵触情绪。

"吃饭的时候，我要确认一下每一种食材的产地，这样就学习了地理知识。"这样的学习计划轻松愉快、简便易行，而且还容易坚持

还可以将多个习惯联系在一起，比如"早晨起床后，我先练 1 篇书法，然后再做 1 页计算练习"。

人的心理有一种趋势——"这件事我做好了，下一件事应该也能做好"。

利用这种心理趋势，我们把多个行为串联在一起，就可以通过一个计划养成多个习惯。

☑ 不要说"几点开始学习"，而是"×× 之后开始学习"

如我在**第三章第二节**中讲过的那样，我们的**大脑即使知道该做什么，但如果不清楚什么时候做的话，也难以提起干劲儿来**。

然后就错过了该做的时机，不断拖延，就形成了"拖延症"。

因此，**事先决定"何时做"非常重要**。

但是，"时间感"对人类来说是一种非常高级的能力，对身心尚未健全的孩子来说，他们还无法完全把握。

所以，让他们设定"何时做"的时间，多少有点难为他们。

我们可以换一种形式，告诉孩子在设定"何时做"的时候，不用"几点开始学习"，而是"**做完 ×× 之后开始学习**"。有了明确的参照物，孩子在做了 ×× 之后，就会意识到"我该学习了！"，积极性的开关瞬间打开，学习就成了顺理成章的事情。

家长朋友们一定要让孩子尝试一下这种方法。

关键点

- 以原有的习惯为基础,加入新的习惯,孩子行动起来毫无障碍。
- 孩子对时间的感觉尚未成熟。
- "几点开始学习"如果效果不好的话,可以换一种方法——"做完××之后开始学习"。

04 诱惑是干扰目的达成的障碍，那么该如何战胜诱惑呢？

有的人决心减肥，可是当甜食或美酒摆在面前时，总是抵御不了诱惑，结果不但没办法减肥，还越来越胖。这种抵御不了眼前诱惑的经历，我想每位朋友都有吧？

有目的意识，也有干劲儿，可就是抵挡不了眼前的诱惑……在人类身上，这是一种普遍存在的现象。

孩子也是一样，或者说孩子抵御诱惑的能力比成年人更低。很多小学高年级学生心中有理想的中学，他们也知道要想考上理想的中学必须提高成绩，为此，他们也想好好学习。可是，游戏、电视的诱惑力实在太大。有的时候，他们原本想："学习了这么久，休息一会儿吧，看看电视，只看一会儿。"可当他们反应过来的时候，却发现："啊！已经这么晚了，该睡觉了。"

这种时候，家长的批评、责骂是没用的。孩子自己也后悔，因为**他们心中是想好好学习的**。

其实孩子自己最苦恼，他们也恨自己为什么这么经不起诱惑，他们也想改掉这个毛病。

但是，他们需要的不是批评、责骂，也无须悔恨、自责。

他们需要的是**战胜诱惑的方法**。

在这一小节中，我就教您**抵御诱惑、战胜诱惑的方法**。

✅ 打造诱惑少的环境

要想打败诱惑，最有效的一个战略是"不战而胜"。

与诱惑面对面对峙，发挥自己的意志力战胜它，是一项困难的任务。与其消耗自己的意志力与诱惑战斗，不如一开始就远离诱惑，给自己打造一个诱惑少，甚至没有诱惑的环境。

在这样的环境中学习，是不是更容易实现学习目标呢？

举个例子，我们把糕点放在办公桌上，或者收在抽屉里，您觉得哪种情况下我们吃糕点的概率更大？

研究人员通过实验证明：放在桌面上比收在抽屉里多吃 3 倍的量。

所以，**如果您要控制体重的话，不要怕麻烦，把吃的东西都收到自己看不见的地方，打造一个诱惑少的环境，让自己"不战而胜"。**

对孩子来说也是同样的道理，家长要帮他们打造一个诱惑少的学习环境。

我在**第三章第一节**中讲过，要想鼓励孩子做一件事情，就该降低做这件事情的门槛。

反之，**不想让孩子做某件事情，就该提高做这件事情的门槛。**

为了减肥，我不想让自己吃糕点。

那样的话，我就应该抬高吃糕点的门槛。比如把糕点收到看不见的地方。要想吃的话，还得专门去拿出来。或者晚上早早就把牙齿刷了，如果吃糕点的话，回头还得再刷一次牙。总之，就是给自己"添麻烦"。很多情况下，我们因为嫌麻烦，就干脆放弃吃糕点的念头了。

为了增加孩子的学习时间，是不是不该让孩子看电视？

家长可以为电视机准备个布罩子，看完电视还要把主电源线拔掉。这样的话，孩子每次看电视都得先把罩子取下来，再把电源线插上，总之就是给他看电视"添麻烦"。

以前孩子可能只要按一下遥控器，就可以坐在沙发里看电视了；可现在还得先做好几件事，才能看电视。

您别小看这点"小麻烦"，研究表明，仅仅是添这点小麻烦，就可以大大减少孩子看电视的时间。

游戏机和手机也是一样，平时都要收到孩子看不见的地方，不要刺激他们玩游戏、看手机的欲望。

孩子即使想玩，也得花不少时间做准备，先得找出来，再连上电源……总之就是不要让他们轻易玩到。

另外，如果朋友邀请孩子去玩，孩子很难拒绝，这一点我们也理解。但事前我们可以和孩子定好规矩，比如说："**除周 × 外，都有学习任务，所以不能出去玩**。"

☑ 当孩子无法完全摆脱诱惑时，要事先制定好应对策略

帮孩子战胜诱惑的"上策"是"不战而胜"。但**诱惑不可避免地出现在孩子面前的时候，我们还有"中策"可用，那就是"if-then 计划"**。

如果诱惑已经出现在眼前，再想"该怎么办？"，那多半会败给诱惑。只有事先制定好理想的行动方案，在面对诱惑的时候专心按照计划执行，抵御诱惑的概率才会大大提高。

最好的办法是不让诱惑靠近。一件事情搞得越麻烦，人就越不愿意做

举例来说，当孩子从自己房间来到客厅，看到父母都在看电视，那他很容易坐下来一起看。可这样就耽误了学习的时间。为了防止这种情况发生，可以**和孩子事先约好**，"当看到父母在客厅看电视的时候，你应该回自己房间去学习，做完作业再过来看"。

使用这个策略，可以大大提升孩子战胜诱惑的概率。

为了实现目标、达到目的，必须采取相应的行动。而影响行动的事情，我们必须加以控制。

看电视、玩游戏，我认为它们本身并不是坏事，但在现实中，孩

"面对诱惑的时候该怎么办？"这是应该事先设想好的事情。事先制定好策略，当面对诱惑的时候，人就不会犹豫，而是按计划执行

子往往控制不好自己看电视、玩游戏的行为，因而影响了学习。因此，我们必须引导孩子学会控制看电视、玩游戏的时间。

作为家长，都心疼自己的孩子，认为"孩子喜欢的事情，应该让他们适当去做"，这一点我很同意。但我想家长也和我一样，更希望孩子不要沉迷于其中而影响了学习。那我们就教会他们和诱惑打交道的方法吧。

关键点

- "不战而胜"是抵御诱惑的上策。
- 帮孩子打造一个诱惑少的环境。
- 当诱惑不可避免时，应该事先制定好应对策略。

专　栏
和游戏说再见的"封印仪式"

在我经营的伸学会,每到考试临近的时候,会出现一道"美丽的风景线"——孩子们纷纷把家里的游戏机拿到伸学会来。我们在伸学会专门设置了一个"保险库",帮孩子们暂时保管游戏机,并举行一个"**封印仪式**"。

保险库还安装了指纹锁,需要校长的指纹才能打开。

我们绝对不是强制孩子把游戏机拿到伸学会来,而是引导孩子,让他们自觉意识到"到了最后努力的时候",然后主动和游戏机暂时说再见。在和游戏机告别的时候,孩子们还会说一句:"**考完试再见!**"从某种意义上说,这个仪式还是非常有趣的,能让孩子们变得更加成熟。

每个孩子都有上进心,都想考上理想的中学。可尽管如此,孩子毕竟是孩子,"有想玩的心"是他们的天性,要让他们独自去战胜这个诱惑是很难的事情。即使真的战胜了诱惑,那这个过程也会消耗他们相当多的意志力,从而削弱了专注于学习的精力。

所以,我们研究出了这个"解决麻烦"的策略,**让他**

们和游戏机这个诱惑"彻底隔绝",从而可以全身心专注于学习。

为游戏机举行"封印仪式"后,孩子们反而都"死了心,彻底轻松了"。一段时间之后,他们也会习惯"不玩游戏的状态",以后,玩游戏对他们的诱惑也没有那么强了。

结果,不玩游戏反倒成了一种习惯。

各位家长在家里也可以尝试各种"不让孩子与诱惑战斗"的方法。

第四章

4

养成习惯之前不断重复的秘诀

在这一章中,我将为大家讲解习惯形成的原理。了解了习惯形成的原理,人们不断重复某种行为以至于形成习惯就会变得很轻松,还可以防止好习惯土崩瓦解。习惯的形成背后有动机心理学做理论支撑,本章的秘诀非常实用。

老师，我家小晴最近开始主动学习了！

哇！

恭喜恭喜！

通过设定小目标，并使用『if-then 计划』，孩子可以毫无抵抗地开始学习了。

只是一味地唠叨『快去学习』『加油』『拿出干劲儿来』，孩子往往无动于衷。其实我们大人也是这样的。

但是我也有点担心，小晴这种状态能持续到升学考试吗？

这是个问题。

孩子好不容易迈出了第一步，我们要想办法让他自觉学习的行为变成一种习惯。
养成习惯？看来还得下一番苦功夫啊……
没那么困难。『咬牙拼命的状态』不会持久。我教您一些技巧，让孩子『轻松而自然地把学习培养成一种习惯』。
还有这种好事？
要是能把学习当成一种习惯，当然再好不过了！
下面我就教您这个技巧，您可要认真听！

01 习惯中也蕴含"惯性法则"

时机已经成熟，现在我要教您帮孩子**培养好习惯的秘诀**，相信您早已迫不及待了吧！

为了实现目标、达到目的，要想把孩子刚形成的一些好行为培养成习惯，**最困难的是最初的时候**。

我们会在无意识中维持以往的行为。对我们的大脑来说，判断一种行为是好还是坏，标准是"为了生存，这种行为是否最合适"。而且，我们的大脑会做出判断，我们之所以能生存到现在，是因为一直维持以前的行为。

☑ **我们头脑中都有"不想改变现状"的惯性，要挑战这个惯性难度很大**

我们的大脑不会认为"提高成绩会更好""考上理想的学校会更好"或者"成为有钱人会更好"。

其实我们头脑中的价值观是"成绩不好也不会死""不成为有钱人也不会死"。

所以，**当我们想采取和以往不同的行动时，大脑会给我们踩一脚刹车，让我们回到原来的轨道上。**

在培养好习惯的时候，我们要克服的就是大脑的这个惯性思维，这也是最难的时期。不过，一旦克服这个困难，让好行为成为一种习惯后，我们反而会在无意识中按照这种新习惯采取行动。

举个例子，采访一些已经通过升学考试的学生就会发现：他们之前为了考上理想的学校曾经每天高强度地学习，可是现在考试已经结束，不用上学，不用上补习班，也没有作业了，他们反而会觉得空虚，还想拿出书本学习。这就是说，**之前形成了学习的习惯，以后也会持续这种习惯。**

大家可以想象一下，在骑自行车的时候，从静止到启动，蹬脚踏板是最费力的。可是当自行车达到一定速度后，蹬脚踏板就省力很多，即使不蹬脚踏板，自行车也会继续前行。

✅ 只要坚持2~3个月，基本上所有行为都能形成习惯

那么，**要把一种行为培养成习惯，需要花多长时间呢**？

据英国伦敦大学的研究，人形成习惯所需的时间从 18 天到 254 天不等。这是一个非常宽的时间范围，习惯的内容不同，形成习惯的时间也不同。**难度越大的行为，形成习惯所需的时间越长。**

比如说，"为了健康，早晨起床应该喝一杯温开水"。这个行为非常简单，所以很短时间内就能形成习惯。但是，"为了健康，每天要锻炼腰腹肌肉"，这就比较难了，要形成习惯需要较长时间的坚持。

我们伸学会指导孩子，让孩子养成"每天坚持学习"的习惯，是最简单的，比像"早起早睡"之类的**生活习惯养成相对难度要高一点。**

稍微有难度的行为，比如每天坚持学习，坚持 2～3 个月，基本上也能养成习惯

要想改变孩子思维方式的习惯，就更难，更费时间了。比如，让孩子形成"不要和别人比，只关注自己的成长"的思维习惯，就需要长期的培养。

讲到这里，大家应该明白了：不同行为要培养成习惯所需的时间不同，但**对于小学生所涉及的行为，一般坚持 2~3 个月，基本上都能形成习惯**。

希望家长朋友们使用本章介绍的秘诀，在帮助孩子养成好习惯的过程中，顺利度过最初的那段艰难时期。

关键点

- ☑ 一种行为的习惯化，最初的时期最为困难，一旦形成惯性就简单了。
- ☑ 培养习惯的难易度依次是"单纯的行为"➡"生活习惯"➡"思维习惯"。
- ☑ 帮小学生培养习惯，坚持 2~3 个月是少不了的。

02 "做了有好处",那么下次还想做

大部分人都有美好的目标,比如"减肥成功,更受大家的喜欢""努力学习,提高成绩"等,但是,其中很多人难以坚持做到底。您自己可能也深有体会,每年新年的时候都会给自己立个目标,但到年底的时候,多半没有成功。回想一下,被您半途而废的目标,一共有多少了?

此外,也有将行为习惯化,坚持到底实现目标的人。那么,坚持到底的人和半途而废的人,差别到底在哪儿?是意志力的差别吗?

其实不然。与意志力相比,还有一个更大的差别。

心理学上有一个叫作**"即时报酬"**的术语。是否会给自己"即时报酬",将决定我们能否坚持到底。

在**第一章第四节**我曾介绍过,美国芝加哥大学凯特琳·尤里和埃利特·费什巴赫的最新研究显示:即使是性格中忍耐力很强的人,在

培养长期习惯的过程中，也有可能失败。

可见，能否坚持到底，最重要的决定条件并不是意志力。

✅ "做了之后马上感受到快乐，或体会到做的意义"会让人继续做下去

这项研究还表明：假设一个人设定了"改善健康状况""减肥瘦身，以便穿上漂亮的裙子"等短期内不容易见到效果的目标（延时报酬），这个目标虽然会成为运动、节制饮食的短期动力，但**难以成为长期持续的动力**。所以，"虽然有目标，但不会付出努力"是非常自然的事情。

那么，能够坚持下去的人有什么秘诀呢？他们要么在运动的过程中结交了共同锻炼的伙伴，要么把舞蹈和锻炼结合了起来。也就是说，**他们在努力过程中很快就感受到了快乐，或者体会到了努力的意义，这就是所谓即时报酬**。

我们以此为前提，思考一下孩子学习的事情。

孩子做了眼前的作业，到他们参加考试，得到成绩反馈，要经历多长时间呢？估计需要很长时间才能看到做作业的效果。所以，很多孩子无法养成良好的学习习惯，就是因为学习没有获得即时报酬。

那么，我们该怎么做呢？

作为家长和老师，我们应该**有意识地给予孩子即时报酬**。

参考前面的研究，我们可以帮孩子"找到一起学习的伙伴（同学、朋友或家人）""引导孩子灵活使用学习 APP 或知识游戏纸牌等趣味学习工具"，这些方法简便易行，而且能让孩子马上感受到学习的乐趣。

✅ **制定的学习"规则"要让孩子有玩游戏的感觉，更容易让孩子在学习中获得成就感**

除此之外，还可以**测定孩子的行为，定期检查学习计划的完成进度**。

给孩子找个学习伙伴，或者在学习中融入游戏因素，可以让孩子获得即时报酬，从而增强学习积极性

前面讲了让孩子设定学习目的、制订学习计划，现在我们要围绕计划的实施进度做文章了。

定期检查学习计划完成进度，以及剩余时间，会让孩子对学习产生一种玩游戏的感觉。

游戏中一般都有"任务""时间限制""得分"：足球不踢进球门不会得分，篮球不投入篮圈不会得分，棒球不围绕一垒、二垒、三垒跑回本垒不会得分……

假设一个游戏没有时间限制，没有分数，不知道怎样才能获胜，您觉得这个游戏有意思吗？

如果是这样的话，这就不能称之为游戏，更没人愿意参与。

反之，**如果有时间限制、有分数、有竞争，那么即使是做计算题也能成为一个很吸引人的游戏。**

只要具备这些条件，孩子就能从计算题中获得成就感和快乐。

即使孩子是一个人单独学习，如果把一项学习当作一个任务，并设定时间限制和分数（完成度检查），也能把学习变成游戏。

如果孩子能在规定时间内完成学习，他同样会获得强烈的成就感。

"成功啦！通关啦！"

"通关"的快乐感就是即时报酬，会成为孩子"下次还要玩"的原动力。

✅ 制定让孩子有成就感的具体规则

把学习游戏化的时候，不仅要把做题的数量、时间设定好，还可以加入"认真画图、列式"等规则。不过要具体设定好"做到什么样才算认真画图、列式"，必须得有客观的评价标准。

举例来说，"字不能写出格子""0和6要写清楚，不能混淆"等。就像体操和花样滑冰比赛的评分一样，"每个动作都有相应的分数"。

字不能写出格子

为学习制定客观评价标准，按标准完成的话，孩子就可以获得成就感，这也是一种即时报酬设定具体规则后，还要将规则用分数体现出来，否则的话，规则就缺乏客观性。孩子会认为这是家长主观的评价，从而引发纠纷，挫伤孩子的学习积极性。

要想让孩子体验到学习中的游戏感，制定客观规则非常重要。只有严格按照客观规则执行，并通过分数给孩子的学习成果打分，他们完成任务的时候，才能获得强烈的成就感。

把孩子的好行为转化为长期习惯，让他们获得即时报酬是关键点：**完成任务时的成就感就是最佳的即时报酬**。

综上所述，在孩子学习的过程中，家长一定要定期检查孩子设定的目标和计划完成进度。

关键点

- "有目标但不愿努力"在孩子中是普遍存在的问题。
- 为孩子准备马上就能获得的快乐或价值（即时报酬）。
- 测定孩子的行为，检查计划的完成进度，让孩子体验到成就感。

03 设定奖励，让孩子体会到"做了有好处"

读到这里大家已经明白，**要想让孩子的好行为继续下去，让他们获得即时报酬非常重要**。

为了让孩子在学习中获得即时报酬，找到一起学习的伙伴、引导孩子灵活使用学习 APP 或知识游戏纸牌等趣味学习工具、检查学习计划的完成进度都是有效的方法。

但假如您的孩子对这些都不感兴趣怎么办？

这种情况下，可以试试给孩子**设定学习后的奖励**。

我对自己的学生调查发现，很多孩子认为："如果学习之后爸爸妈妈请我吃好吃的，或者给我零花钱的话，我愿意努力学习！"

美国哈佛大学的福莱尔教授通过实验证明：**奖励有助于提高孩子的学习积极性，对提高成绩也有一定效果**。

所以，家长朋友们可以积极、灵活地使用奖励法来刺激孩子的学习积极性。

也有很多家长担心使用奖励法激励孩子，反而有可能剥夺孩子的学习欲望，这一点也是事实。

但是，只有当奖励法满足有限的几个条件时，才会起到反作用。通常情况下，不会出现这些条件。关于奖励法应该避免的情况，我将在**第六章第二节**中详细讲解。

☑ 对小学生来说，"和名誉有关"的褒奖十分有效

我们该拿什么来奖励孩子呢？换句话说，奖励的内容应该是什么呢？

拿小学生来说，**奖状、奖杯、奖牌等荣誉奖励更加有效**。

我们伸学会，就会用奖牌来表彰表现出色的孩子。

但对初中、高中学生来说，与荣誉奖励相比，可能物质奖励更加有效。

可能有些家长不太接受直接以金钱为主的物质奖励。但是，福莱尔教授在实验之后进行的问卷调查显示，在经过努力学习获得家长的金钱奖励后，学生们不但不会乱花钱，还会减少娱乐消费的开支。**通过努力赢得的金钱，他们会把这笔钱花在刀刃上。**

究其背后的原因，一方面是福莱尔教授在进行实验的时候，对学生进行金钱奖励后还对他们进行了一些理财教育，比如教学生建立一个"零花钱账户"。但更重要的原因是，**孩子通过努力赢得的金钱，**

使他们体会到了金钱的来之不易，所以会格外珍惜。 由此可见，用金钱奖励努力学习的孩子，可以获得一举两得的教育效果。

☑ 每个孩子适合的奖励不同，要多和孩子沟通，抓住他们的关注点

另外，如果自己的孩子想要什么，或者想做什么，也可以作为奖励的内容，鼓励他们努力学习。

对于小学生，推荐用荣誉奖励，比如奖状、奖牌、奖杯等

比如，有位家长曾经给我讲，他的孩子很喜欢吃美食，所以她用美食作为奖励鼓励孩子学习。

她对孩子说："你每做完一本练习册，我都会做你最爱吃的菜。"结果效果相当好，孩子做练习册又快又准确。

不过，看电视、玩游戏、玩手机属于双刃剑，在当作奖励的时候一定要注意，因为孩子容易上瘾而忘记了奖励本来的目的。

使用这些奖励的时候，一定要事先制定好规则，并让孩子严格遵守规则，以后才能继续获得奖励。

以前我有一个学生，对"零花钱"的奖励完全无动于衷。但他喜欢玩游戏，所以我就给他制定了一个奖励规则——"做完××可以玩5分钟游戏"，做得越多就可以玩得越久。结果，他很吃这一套，开始埋头努力学习。

但也有家长说，孩子获得了5分钟玩游戏奖励后，一玩起来就停不下来，家长来阻止，孩子还会和家长大吵一架，所以，用这种奖励的时候一定要慎之又慎。

在您家里，孩子最适合哪种即时奖励呢？

您可以多方尝试，寻找最适合孩子的奖励方式。

✅ 让孩子学会控制自己的学习积极性

我们的最终目标是**让孩子学会给自己设定奖励**。依赖外界的奖励激发学习积极性，这不是一种理想的状态。

学习是孩子自己的责任，当他们学会给自己设定奖励的时候，他们就已经学会了控制自己的学习积极性，这才是最理想的状态。

关键点

- 为孩子设定学习奖励。
- 对小学生来说，荣誉奖励比物质奖励有效。
- 让孩子学会自己给自己设定奖励是我们的终极目标。

04 让行动和结果的"联系"看得见，就能提高孩子的积极性！

前面讲了，如果家长能把即时报酬运用好，就可以帮助孩子培养出良好的学习习惯。接下来，我为大家介绍能进一步提高孩子学习的积极性，把习惯的力量发挥到最大的方法。

孩子从开始努力学习，到参加考试，得到成绩反馈，是一段较为漫长的过程。 因为这个原因，**在收获结果之前，很多孩子难以持续努力。**

在孩子努力的过程中，灵活使用即时报酬，就可以持续激发孩子学习的积极性，从而使孩子坚持到获得成功的那一天。

但是，即使孩子持续努力学习，在学习的过程中还有另外一个问题在等待着他们。

那就是"**我虽然很努力学习，但完全感受不到'学了有什么好处'**"的感觉。也就是说，**因为从努力到收获的时间较长，所以孩子难以看清行动与结果之间的联系。**

✅ 让孩子确认"自己做得好的地方","为什么能做好"

家长和老师要做的工作就是要让孩子看见行动与结果之间的联系。也就是说,**通过记录、评价孩子的行动,让孩子确认行动带来的结果,认识到自身的成长**。

首先要做的,是在考试之后让孩子进行**总结和复盘**。

在对考试进行总结和复盘的时候,对于没做对的题目,让孩子确认"教科书或练习册中是否有类似的题型"。把这个题型攻克了,就可以弥补自身的弱项。同时,针对这次教训让孩子制订日后的学习计划,比如:"如果我把练习册中的题型都掌握了,这次考试就不会犯这样的错误。所以,以后我要认真做练习册。"换句话说,就是发现以前的不足,并在日后的学习中避免。

不仅要总结教训,还要找出闪光点。

对于做得好的题目,也要让孩子确认教科书或练习册中是否有类似的题型。因为这样可以让孩子明白:"**因为我这样做了,所以在考试中才能把这种题型做对,以后我还要这样做!**"无形中就激发了孩子的积极性。

考试后的总结和复盘是非常重要的!

不及时进行总结和复盘,孩子就无法感觉到自己通过努力获得的成果。

也就是说,他们无法看到自己的行动与成果之间的联系。

不过，很多家长在和孩子一起对考试进行总结和复盘的时候，容易只关注孩子做得不好的地方。当然，分析自己的不足有助于改善、补足，不能说是坏事。

但是，从激发学习积极性的角度来看，关注"做得好的地方"同样重要。因为让孩子"**把做得好的地方继续发扬下去**"也很重要。

☑ **与褒奖相比，真实感受到自己的成长会让孩子打心眼里高兴**

而且，**如果孩子能继续发扬之前好的做法，成绩肯定能逐渐提高。**

对考试进行总结、复盘的时候，让孩子关注"做得好的地方"很重要，因为这样可以让孩子认识到"之前我这样学习了，所以才能做得好"，从而让孩子真实感受到"学习（行动）"与"结果"之间的联系

走到这一步，孩子应该已经看清行动与结果之间的联系了。这时，家长还要带领孩子分析近期考试成绩的变化趋势，让他们看到自己离理想的成绩、理想的学习状态越来越近了。这样一来，孩子就能体验到"之前我付出的努力真的有了回报"。

这种成就感，将直接激发孩子日后的学习积极性。

我们伸学会，设计并运行了一套奖励机制。学生认真完成作业，或者写了学习日记，作为奖励可以得到积分。积分积累多了可以换取点心、文具等奖品。

小学四五年级的孩子，大多是以"想要得到更多积分，以换取奖品"为目的而努力学习的。但是一段时间之后，他们对"积分"的兴趣就逐渐变淡了。**因为与积分、奖品相比，此时的他们更在意成绩的提高和自身的成长**。他们已经体验到成绩提高和自身成长所带来的成就感，比获得积分、奖品更加快乐。

当孩子感受到自己的行动可以和成果联系起来的时候，那么行动本身就会给他们带来快乐。

所以，**即使是非常小的成果，即使很难看出成果与行动有什么联系，作为家长、老师也要尽量将这个成果放大，突出它与行动之间的联系，并让孩子看到这个联系**，这样才能最大限度地激发孩子学习的积极性。

关键点

- 努力学习与收获成绩之间有一定的时间延迟,所以孩子学习热情低落是正常的。
- 孩子在考试中做对的题目,要让他们在教科书或练习册中找到类似的题型,让他们知道以前的努力是有用的。
- 让孩子真实感受到努力与成果之间的联系非常重要。

专 栏

通过"即时报酬"改变孩子的真实案例

前段时间,我组织了一个"家长研修班"。来参加的一位家长为我们提供了一个真实案例。

我的儿子上小学四年级。他的字写得非常难看,但我知道,他本人实际上是非常想把字写好的。新年时,学校让大家把"今年的愿望"写下来。我儿子写的是"我想写一手漂亮的书法"。可是,至今他的字依然很难看。

一天,学校留了一篇书法作业。我看了孩子的作业,发现其中只有一个"兵"字写得不错。于是我表扬他说:"这个'兵'字写得真好!不是用尺子比着写的吧?"儿子回答说:"当然不是。"我赶紧接着表扬说:"写得真不错,像字帖上的例子!"

后来有一天,我发现他的书法作业中只有一个"年"字写得好。我就表扬他:"'年'字写得好!横平竖直。"

到了昨天,我再看他的书法作业时,发现难看的字只有20%左右了。要知道,他以前的书法作业,难看的字要占到 95%。

我开始反省，以前看到儿子写字难看，我只会提醒他"要再认真一点哟"或者"不要写出格子哟"。就是说，以前我只关注他写得不好的地方了。后来我改变了策略，开始关注他写得好看的字，然后大力表扬。结果仅仅一周时间，他就有了这么大的进步！

以前的提醒，完全不起作用。换成表扬之后，孩子就会觉得"**这次我终于写出漂亮的字了！以后我要写得再认真一点**"。

通过这个例子大家可以看出，**及时认可孩子做得好的地方，并进行表扬，就是给他们的即时报酬，这会激励他们继续重复好的行为。**

由此可见，与"提出改善的地方"相比，"**表扬做得好的部分**"更为重要。

第五章

5

"加速"和"阻碍"习惯化的东西

在这一章里,我将进一步为大家讲解可以使习惯化加速的小技巧,以及阻碍习惯化的一些陷阱。是否了解这些小技巧或陷阱,将极大影响您能否引导孩子养成好习惯的进程。

我家儿子学习颠三倒四的，成绩总是起伏不定。
您的意思是……
他做得好和做不好的时候相比，整个人的差别太大了。
原来是这样啊……
具体讲讲是什么情况？
这孩子有拖延症，成绩考好了就骄傲自满，考不好就垂头丧气……
再玩5分钟就去学习。
等我通关再去学习吧。
小学生中这种情况很常见啊！
是他意志太薄弱了吧……
没关系！
这样的情况不只您儿子有，很多孩子也会这样。

第五章 5 『加速』和『阻碍』习惯化的东西

阻碍孩子养成好习惯的一些陷阱，我们必须把它们填平。反之，还有一些技巧可以加速孩子养成好习惯，我们可以多尝试。

不只我家孩子这样？

是。

或者说大部分家长都和您一样的烦恼。

是吗？

既然大家都这样，那放任不管就行了？

我不知道怎么办才好……

您放心，我有对策。

加速　危险

你一定要教我！

01 "频率"为习惯化加速

到上一章为止，我为大家介绍了帮孩子养成好习惯的基本方法。

在本章中，我将要为大家讲解**加速习惯化的技巧**，以及**阻碍习惯化的陷阱**。

首先，我要告诉大家加速习惯化的一个最重要的要素。看到本小节的标题，估计您已经知道了，这个要素就是"**频率**"。

像刷牙、洗澡这些每天都要做的事情，我们心理上基本没有什么抵触情绪。但是，对那些偶尔才会做的事情，我们往往会感觉很麻烦。

孩子学习也是同样的道理。每天都学习，比一周学一次要感觉轻松很多。

☑ **每周去健身房 4 次以上，容易养成健身的习惯**

加拿大维多利亚大学的研究人员对**频率与习惯的关系**进行了研究。

在这项研究中，研究人员对刚加入健身房进行锻炼的 111 名新人进行了为期 12 周的观察。他们想找到能够坚持锻炼的人与半途而废的人之间有什么差别。结果研究人员发现：**对养成健身习惯影响最大的因素是锻炼的频率**。每周去健身房锻炼次数越多的人，12 周后依然坚持去锻炼的概率越高。

尤其是**每周能去健身房锻炼 4 次以上的人，最终养成健身习惯**的概率非常高。

前面我讲过，"人的本能有不断重复同一行为的倾向"。我们用数字来讲解，可能大家更好理解。

加拿大维多利亚大学的研究显示，在刚去健身房开始锻炼的人群中，每周能去锻炼 4 次以上的人，最终养成健身习惯的概率很高。这说明，高频率的行为可以加速习惯的养成

一周有 7 天，4 天是一周过半数的天数。如果每周去锻炼 4 天，那么根据少数服从多数的原则，我们的头脑会自觉倾向于"继续去锻炼"。

✅ 即使少量学习，只要每天坚持，也容易养成好的学习习惯

关于频率对养成习惯的加速作用，**我在教学实践中深有体会**。

在我们伸学会，有一些小学四年级的孩子每周只来两次，每次的作业量也不多。而有一些六年级的孩子，每周要来五六次，每天的作业量也比较大。但经过我的观察和调查，六年级的孩子比四年级的孩子更"喜欢伸学会"，更觉得"学习是快乐的"。

我一天就把一周的学习量都完成了……

我把每周的学习量平均分成 4 份，用 4 次学习来完成。

与每周学习 1 次相比，学习 4 次更容易养成好的学习习惯。要想养成好习惯，可以尝试把一天能做完的题量平均分成 4 份，在一周内做 4 次去完成

人类行为的因果关系中，不仅有"因为快乐才做"，还有一种是"因为做了才快乐"。

拿小学四年级孩子的暑假作业来说，虽然作业总量不多，**有些孩子铆足劲儿一天就可以全部做完，但我觉得从培养学习习惯的角度来看，这样做有点"可惜"了**。家长应该引导孩子尽量**把作业量平均分配，每周分 4 次做**。这样更能让孩子体验到学习的乐趣，更容易养成学习的好习惯。

对低年级的小学生来说，在他们每天上补习班之前，家长最好引导孩子在家里学习一会儿。**哪怕只学 5 ~ 10 分钟，对于养成良好的学习习惯也大有裨益**。

关键点

- ☑ 行为的频率对习惯的养成影响很大。
- ☑ 一天可以做完的作业，应该平均分成 4 份，然后在一周内分 4 次完成。
- ☑ 对于小学低年级的孩子，应该要求他们每天在书桌前学习一会儿，以便养成良好的学习习惯。

02 "明天再做"是最蠢的事情，拖延症是培养好习惯的大敌

孩子确定了目标，并为此制定了行动计划，接下来就到了"好了！开始学习！"的时候。

可有些孩子到了这个时候就会觉得"学习好麻烦，明天再学吧"。

其实不单孩子会拖延，很多成年人不也是拖延症患者吗？

可是，**拖延症是培养好习惯的大敌**。

即使第二天把今天欠的债还清了，可从"增加学习频率"的角度来看，也降低了学习频率，从而影响了学习习惯的养成。

把长期积压的学习"债务"一次性完成，当然对培养习惯不利。

而且，积压的学习"债务"太多，容易让孩子形成"蚊子多了不咬人"的心理。

可是现实中，很多孩子就失败在拖延上。

而且是一而再再而三地拖延。

"明天一定好好学习！今天就尽情开心吧！"

可是，明天还会这么想……

为什么会陷入这种失败的恶性循环呢？

因为"人有一种对未来过分乐观的习性"。

✅ 人对未来容易过分乐观

美国威斯康星大学的罗宾·塔纳教授和美国杜克大学的卡特·卡尔逊教授曾通过实验证实了人类的这种习性。

两位教授将受验者分为两组，对第一组提出如下问题：

"你认为下个月自己每周会做几次运动？"

对第二组则稍微改变了一下表达方式，问了相似的问题：

"**理想情况下**，你认为下个月自己每周会做几次运动？"

结果，两组受验者的回答**几乎没有明显差别**。

而且，当教授们要求受验者"请根据自己的现实情况作答"的时候，受验者依然给出了乐观的答案。

当我们考虑以后的事情时，容易认为"以后肯定会比现在的富裕时间多"。

我自己也是这样的，我每年都会想"明年一定会比今年轻松些"。

因为我们都具有这样的习性，所以认为"**现在不想做的事情，以后肯定会有干劲儿去做**"。

后来，教授们又把受验者召集起来，询问他们实际的运动次数。

结果可想而知，几乎所有人的实际运动次数都比之前预想的少很多。

然后，教授们又对受验者提出了如下问题：

"你认为接下来的两周里自己会做几次运动？"

结果，受验者可能想要挽回之前丢掉的面子，说了更多的运动次数。

可实际上他们当然做不到……因为之前我已经讲过"目标必须具有可实现性"。

✅ 将"每天都做同样的事"作为一个规则

在现实生活中，像前面实验中受验者那样的孩子太多了。

对于自己忘记做的作业，他们会说："下周之前我一定做完！"可到时**真正做完的孩子寥寥无几**。

那么，该如何帮助孩子克服拖延症呢？

方法就是**将"每天都做同样的事"作为一个规则**。

减少"做还是不做"的纠结，规定每天必须要做同样的事，是战胜拖延症的有效方法。

一定要让孩子意识到，今天学习 1 小时，明天、后天、大后天……每天都学习 1 小时。

长年累月积累起来，差别就会非常明显了。

让孩子认识到**每天 1 小时不断叠加的效果**，对于战胜拖延症非常重要。

在我们伸学会，每周开班会的时候，我们都会让孩子检查自己的学习记录，看这一周自己用了多少时间来学习。

而对于六年级毕业班的学生，他们会用一周的学习小时数乘以距离升学考试剩余的周数，就可以得到剩余的学习小时数。

这样一来，他们就可以真切感受到每过一天，剩余的学习小时数就会减少不少。

反之，他们也会认识到，如果**每天增加 1 小时的学习时间，那么总共就可以增加数量相当可观的学习时间。**

这对孩子来说是一种良性的刺激。

但除了毕业班学生，其他低年级的小学生没有毕业生那么紧迫的学习任务，所以要求他们每天维持一定的学习时间，可能比较困难。

将每天做一定时间的学习（行动）作为一个规则定下来。而且，让孩子认识到每天增加的学习时间积累下来是相当可观的，这样就会让他们感受到学习的价值

但是，至少要让他们建立"明天的学习时间也要和今天一样"的意识。

坚持一段时间后，您就能看到"习惯的力量"。

关键点

- ☑ 拖延症是养成好习惯的大敌。
- ☑ 将"每天都做同样的事"作为一个规则。
- ☑ 让孩子检查自己过去一周的学习时间。

03 "努力后就想偷懒"的法则

很多家长看到孩子某天学习十分努力，会倍感欣慰。

可是万万没想到的是，第二天孩子就像变了一个人，学习态度会发生强烈反弹，比以前偷懒更加严重。

两天的学习成果相抵结果为零，甚至为负数。在我教过的学生中，常会发生这样的情况。

但请您相信，这绝不仅仅是您的孩子，或少数孩子身上才会发生的状况。

实际上，我们人类身上有一种特性，就是在朝目标前进的时候，反而会做一些与目标路线背道而驰的行为。

心理学上将这种特性称为"**道德许可效应**"。

人做了好的事情，心情就会特别好。

于是，在很多时候会觉得"现在自己做点小坏事，应该没什么问题"。

人的这种特性也是培养好习惯的大敌。

✅ 人做出一定成绩后就会产生放松一下的想法

科学家通过实验也证实了人类的这种特性。

美国芝加哥大学的埃利特·费什巴赫和美国耶鲁大学管理学院的拉比·达尔，针对减肥的人进行了一项实验，以测试他们的意志力。

他们召集了一批减肥很顺利的人作为受验者，并告诉受验者：

"参加实验会有奖励，奖品是苹果或巧克力，你们可以任选一样。"

同时，他们询问一部分受验者：

"你觉得你现在的体重距离理想体重还差多少？"

结果，在确认了减肥进度之后，这部分受验者选择不利于减肥的巧克力的比例为85%。

而对剩余的受验者，则不问他们的减肥进度。

结果，这部分受验者选择巧克力的比例仅有58%。

不管哪一组受验者，都是选择巧克力的人多，由此可见人对诱惑的抵抗力是多么脆弱。

但同时我们也能看出：**在确认了自己的减肥进度（都是减肥比较顺利的人）之后，选择巧克力的人比例更高。**

也就是说，减肥顺利并没有提高他们继续减肥的热情，而是给减肥踩了一脚刹车。

在另外的实验中，科学家发现在**学习方面也会出现类似的情况**。

科学家让学生确认自己的学习进度，如果他们的进度不错，那么当天晚上他们约朋友出去吃饭、玩游戏的概率会很高。

那么，我们该如何引导孩子避开"道德许可效应"的陷阱呢？

☑ 随时确认自己的目标，防止松懈

避开"道德许可效应"的方法是**随时确认自己的目标**。

中国香港科技大学和美国芝加哥大学的研究显示：当让学生们回忆自己"成功抵制诱惑的经历"后，有70%的学生采取了让自己放松的行动。

但是，如果询问学生"你为什么能抵住诱惑？"的话，他们身上就不容易发生"道德许可效应"，在接下来抵制不住诱惑的学生就大幅下降到了41%。

可见，只要**想起自己最初的目标**，人就不会掉进"道德许可效应"的陷阱。

孩子们也会为了自己的目标而努力。

在我们伸学会，有些面临升学考试的毕业生就非常努力，每天长时间在我们这里学习，回家之后还会继续复习。

我看了都很感动，对小学生来说真的很难得。

但是，如此努力之后，他们心中难免会产生些许放松——"我这么努力学习，应该给一点奖励，看电视呢，还是玩游戏呢？"

当发现孩子有想放松的苗头时，家长一定要警惕。

因为这时如果放任孩子放松，那么之前好不容易激发的干劲儿，很可能会功亏一篑。

所以，当发觉孩子觉得"自己很努力，想放松一下"的时候，家

我这么努力，到底是为了什么？是为了考上理想的中学啊！

让孩子再次确认自己的目标，就会让他们意识到自己努力的意义，也就不容易松劲儿。他们会明白："如果我现在松劲儿的话，那么之前的努力就付诸东流了。"

长要及时干预，询问**他们："你为了什么而努力呢？"引导孩子对自己的目标再次进行确认**。

这样就可以有效避开"道德许可效应"的陷阱。

关键点

- 当人觉得自己很努力的时候，就容易产生放松的想法。
- 让孩子再次想起自己的目标。
- 家长引导孩子确认"自己努力的理由是什么"。

04 失败后防止"自暴自弃"的方法

前一小节讲了"人在努力之后容易产生放松情绪"的原理和克服方法，现在我要讲与之相反的现象。

假设您在努力之后开始疏忽大意、放飞自我，难免会遭遇挫折、出现失败。

但在失败之后，您会打起精神，把失去的东西努力争取回来吗？

很遗憾，大多数人做不到这一点。

这也是人类的一个弱点。

☑ 人遭遇失败时容易灰心丧气

当人遭遇失败的时候，就容易心灰意冷，并产生悔恨之意。

可是，很少有人会从失败中重新站起来，努力夺回失去的一切。

不仅如此，为了消除心中的不愉快，人反而可能做出更加不好的行为，即所谓"破罐子破摔"。

比如，减肥失败的人为了消解心中的郁闷，可能会"暴饮暴食"；戒酒失败的人可能会"一醉方休"；节约攒钱失败的人可能会"无节制购物"……

"反正这次实现目标已经无望了，不如彻底开心一下！"

人的这种心理现象在心理学上被称为"**破罐破摔效应（what-the-hell effect）**"。

回顾一下，您是否有过类似的经历呢？

像这样的恶性循环当然也会发生在孩子的学习中。举例来说：

- 看电视太久 ➡ 作业没做完 ➡ 反正也做不完了，干脆就不做了，开心玩吧！ ➡ 继续看电视

- 玩游戏花了太多时间，耽误了学习 ➡ 考试成绩很差 ➡ 灰心丧气 ➡ 为了消除心中的郁闷，作为一种逃避，选择玩游戏

即使作业做不完的时候，为防成绩下降，与其什么都不做，不如做一半或者至少做三分之一，也能阻止自己继续沉沦下去。

可是，别说孩子了，就是很多大人在遭遇失败的时候都容易破罐子破摔，这也是我们人类一个脆弱的特性。

在培养孩子良好学习习惯的过程中，也会遇到同样的问题。

当孩子的状况没有按照既定目标前进时，他们的态度是"反正今天也做不完了，不如开心一下吧"，还是"在力所能及的范围内尽量多做一些"，将会给结果带来极大的差异。

☑ 重要的是接纳"不成功的自己"

那么，到底有没有办法把"破罐破摔效应"封印起来呢？

方法是有的，就是"**自我同情（self-compassion）**"。

人在失败之后，感到悔恨，情绪低落，是引发"破罐破摔效应"的原因，所以，**只要消除负面情绪就可以有效解决问题**。

面对失败，人们一般会采取两种不同的态度，一种是怀着释然的心情回顾失败经过，另一种是对失败采取严厉的批判态度。

相比之下，采取前一种态度的人更容易承认"失败是自己的责任"。

而且，这种人也愿意听取别人的意见和建议，他们能从失败中总结经验教训，学到有用的知识。

位于加拿大渥太华的卡尔顿大学的研究人员以119名一年级学生为对象进行了一项调查研究，也证实了上述结论。

在这项调查中，研究人员让学生记录自己一个学期中疏于学习、拖延学习的情况。

　　在期末考试的时候，研究人员发现有很多学生直到临近考试还没有认真复习。

　　可想而知，这部分学生的考试成绩肯定惨不忍睹。

　　研究人员继续观察，看这些学生在经历了这次考试失败后，对自己的学习习惯是否进行了改善。

不用太介意！

我也有这样的时候。

失败后，最难过、最自责的人是自己。如果对自己过于苛刻，不能宽容自己的失败，结果往往走向相反的一面："爱怎样怎样吧，我不干了！"

结果发现，**那些原谅了自己上次考试前疏于复习而导致失败的学生，在下次考试前不认真复习的减少了。**

反过来，那些严厉批判评了自己上次考试前没好好复习的学生，到下次考试前依然不认真复习。

由此可见，我们都应该对自己宽容一些。

☑ 对于怀有罪恶感的人，不要再去谴责他们，而应安慰、鼓励

那么，在孩子遭遇失败的时候，家长、老师该如何正确引导孩子呢？

简单地说，我们应该用"安慰""鼓励"的话语疏导孩子。

有科学家用实验证实了这些宽慰的语言所具有的惊人力量。

美国路易斯安那州立大学的克莱尔·亚当斯、美国杜克大学的马克·利里两位心理学家以减肥中的女性为对象做了一项实验。

实验的方式如下：

首先，两位心理学家将一些介意自己体重的年轻女性召集到研究室来，以"调查食物对情绪的影响"为名，给这些女性吃甜甜圈。

随后再让她们喝下一杯水，让她们感觉"不知不觉把肚子填饱了……"，这样做的目的就是煽动她们的负罪感。

然后，两位心理学家再给这些女性受验者分发调查问卷，让她们写下"现在的心情"。

接下来才是重头戏。

这次，心理学家又以"糕点试吃"为名，请受验者品尝各种糕点。心理学家的目的是**观察受验者在这种情况下能够在多大程度上发挥意志力，以减少吃糕点的量**。

先说结论，之前因为吃了甜甜圈而怀有负罪感的受验者，在糕点试吃环节吃得更多。

这时，心理学家将受验者分成了两组。

对一组受验者说："估计你们当中有人因为吃了甜甜圈而怀有负罪感，但请不要责怪自己。在今天的研究中，所有人都吃了甜甜圈。偶尔吃一点甜食对减肥不会有太大的影响，大家不用太担心。"也就是说，心理学家用宽慰的语言引导这组受验者放下心理负担。

但对另一组受验者，什么话也没说。

在糕点试吃环节结束之后，心理学家称了剩余糕点的重量，以便计算每位受验者的平均进食量。

结果，**第二组受验者（没有受到语言安慰的受验者）平均每人吃了 70 克糕点。而第一组受验者（受到语言安慰的受验者）平均每人只吃了 28 克糕点**（一块巧克力大约 7 克）。

吃甜甜圈所产生的负罪感，会让受验者在"试吃"环节中吃得更多。但通过宽慰的语言消除她们的负罪感后，反而唤醒了她们的自制力，减少了试吃量。

通过这个实验我们发现：要想引导人们采取好的行动，**不要责备他们，应该安慰、鼓励他们**。

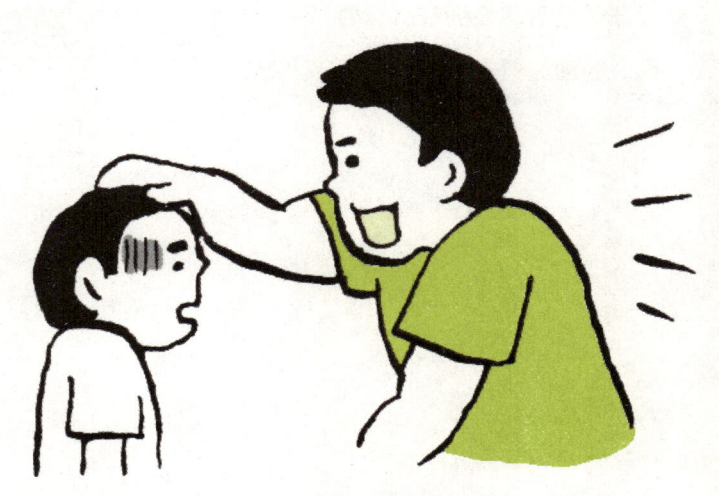

孩子遇到挫折、失败的时候，不要置之不理，更不要恶语责备，而应该用宽容的语言安慰、鼓励他们

我们的孩子每天都在为各种大大小小的目标努力着，在努力过程中肯定会遇到挫折、失败。

遇到这种情况的时候，您会怎么和孩子交流呢？

关键点

- ☑ 人遭遇失败的时候，容易出现"破罐破摔效应"。
- ☑ 要想办法消除失败后的灰心、悔恨等消极情绪。
- ☑ 孩子失败后常会怀有负罪感，这时不要责备他们，应该安慰、鼓励他们。

05 能控制自己的感情，就容易养成好习惯

通过**第五章第三节和第四节**两个小节的讲解，我们知道：学习进展顺利，孩子骄傲时，有陷阱等着他们；遭遇失败，孩子陷入消沉时，同样有陷阱等着他们。

简直是"前有狼，后有虎"的危险境地。

从中我们也可以看出，在通往成功的路上，学会控制感情是多么重要！

保持平常心，尽量减少感情的起伏很重要。

但是，我们还要引导孩子学会控制自己感情的一些方法，这就是本小节的主题。

☑ "感谢""共情"有助于提高人的自控力

近年的研究显示：**拥有"感恩之心""共情能力"对于提高自控力很有效果。**

为什么说"感恩之心"和"共情能力"有助于提高人的自控力呢？因为"感谢""共情"都是与别人协调关系的重要感情基础。

在远古时代，我们人类的祖先生活在威胁很多的环境中。

比人类个体强大的肉食性动物随处可见，要想在这样的环境中生存下去，人类必须形成群体，并且相互协作才能战胜恶劣环境中的威胁。

要想和同伴相互协作，**人首先要具备克制自己眼前欲望的能力**。

在群体中，如果因为自己肚子饿，就去抢同伴的食物，那马上就会被驱逐出群体，而离开群体，个体的人只有死路一条。

怀有"感恩之心"、具备"共情能力"的人，则可以为了同伴暂时克制自己的欲望，从而赢得同伴的信任和帮助。

这是远古时代我们祖先的生存之道。

因为我们的祖先已经具备了这样的能力，作为他们的子孙后代，我们也继承了这个优秀的能力。

☑ 把想感谢的人或事写出来

美国加利福尼亚大学河滨分校的研究人员进行了一项实验：他们将受验者分成 3 组，让第二组"写出以前发生的你想感谢的事情"，其他组则"写出过去某个普通的一天发生的事情"或者"写出过去发生的幸福的事情"。

结果，**第二组受验者的自控力得到了提高，不容易被眼前的欲望所驱使**（在**第六章第一节**我将详细介绍）。

这个方法非常简单，但效果却很明显。

您在家里也可以尝试和孩子一起"把想感谢的人或事写出来"。

如果每天"把想感谢的人或事写出来"有困难，可以每周写一次

如果每天都写有困难的话，一周写一次就足以见到效果了。平时可以不写，但每天要留意身边的人和发生的事情，去寻找感恩的线索。

关键点

- "感恩之心"和"共情能力"有助于提高人的自控力。
- 我们从祖先那里继承了相互协作的能力，现在我们要将其发扬光大。
- 每周一次，亲子共同"把想感谢的人或事写出来"。

06 借助同伴的帮助，提高"持久能力"

在本章的最后，我要为大家介绍一种能帮助孩子把行为转化成习惯的强大方法，那便是"**借助同伴的帮助**"养成自己良好的习惯。

多年以前，我为了改善自己的健康状况，决定去健身房健身。可遗憾的是，我经常三天打鱼两天晒网，没办法进行稳定、规律的健身计划。就在这个时候，我听说一位朋友身体状况不佳，于是就邀请他和我一起去健身。

我们俩约定"每周三是咱们的健身日"，到了周三我们就一起去健身。打那时开始，我就能稳定而规律地健身了。即使某个周三"我不想去健身"，但因为已经和朋友约好，所以也不得不去。

而且，不管运动还是学习，它们有一个共通之处：一旦开始，人会感觉"比想象中轻松"，从而容易坚持下去。可见，克服最初的阻力非常重要。

找到同伴和自己一起努力，是克服起步阻力的好方法，对于长期坚持有很大的帮助。

✅ 组团健身是单人健身次数的 1.5 倍

同伴的支持有助于人们长期坚持做某事，这一点适用于大多数人。

美国西切斯特大学的研究人员以学生为对象进行了一项实验。实验中，研究人员对不同条件下的受验者进行了比较，以调查他们"去健身的次数受哪些条件影响，有怎样的影响"。

用奖励吸引：只要每周健身 3 次、每次 30 分钟以上，就有资格抽取 80 美元的亚马逊代金券。

组团健身：受验者随机组合，两人一组，共同健身。只有小组中的两个人都完成健身目标，才有资格抽取 80 美元的亚马逊代金券。

激发竞争欲：每周中间，用电子邮件向受验者发送其他受验者的健身进展，以激发他们的竞争欲。个人完成健身目标，才有资格抽取 80 美元的亚马逊代金券。

在上述条件之中，"用奖励吸引""激发竞争欲"都起到了一定的作用，但**效果最明显的还是"组团健身"**。

实验结果显示：组团健身后，受验者去健身的次数是单人健身时的 1.5 倍之多。

☑ 在抵御诱惑的时候，团队的成功率更高

前面的实验考察的是团队在促进人"做正确的事"时所能发挥的作用，还有其他实验验证了团队在帮人"抵御诱惑"时的作用。

德国马克思·普朗克进化人类学研究所通过棉花糖实验测试了团队形式对孩子抵御饼干诱惑的作用。

在实验中，实验人员把孩子进行两两分组，两个孩子编为一组，先让他们一起玩耍，等小组内的两个孩子成为朋友之后，再对他们进行棉花糖实验。对其中半数孩子进行普通的棉花糖实验，即让孩子单独一个人面对饼干的诱惑，并告诉他们："只要你现在能忍住不吃这块饼干，后面将再奖励你一块。"对剩余的半数孩子，则进行组队实验，虽然孩子还是单独面对饼干的诱惑，但实验人员会告诉他们："隔壁房间里，你的同伴面前也有一块饼干。如果你们俩都能忍住不吃眼前的饼干，后面将奖励你们俩每人一块饼干。"

实验人员为了确认地域文化差异对实验结果的影响，还专门在德

国和肯尼亚两个地方开展了相同的实验。结果发现，**不管在什么文化背景下，以团队的形式对抗诱惑，成功的概率更高**。

☑ 和朋友一起学习的孩子，学习时长增加不少

"大学生""小孩子""健身""抵御饼干的诱惑"……人群不同、面对的情况不同，但有一点是共通的，即"**人有同伴的时候会更努力**"。

从这个角度看，在帮助小学生培养学习习惯，或者抵御看电视、玩游戏的诱惑时，**孩子有同伴的话，成功的概率更高**。现实中，在伸

人有同伴的时候，会更努力，更能忍耐。如果孩子能在学校或补习班里找到一起学习的朋友，那么培养良好的学习习惯、提高成绩，就会变得容易很多

学会里，我们通过"结对子"的形式给孩子找一起学习的伙伴。结果发现，**"结对子"之后，孩子的学习时间都有了不同程度的增加。**

为同伴而努力的能力，是人类的一种优秀特质。所以，请家长朋友们给自己的孩子寻找学习伙伴吧，或者自己当孩子的队友，亲子共同学习、共同进步。

关键点

- 和同伴一起努力的话，更容易长期坚持。
- 不管什么文化背景，孩子以团队的形式更容易抵御诱惑。
- 找到一起学习的伙伴，孩子的学习时间明显增加。

专 栏

打破最后的壁垒——"千篇一律"

我深刻感受到,使用本书介绍的技巧,人可以控制自己的学习行为,养成中期习惯也不是太困难,但是要**长期坚持下去却很难**"。

举个例子,拿运动的习惯来说,我以前就养成了去健身房健身和跑步的习惯,可是坚持了一段时间后就会觉得有些厌烦,然后就停下来了。过了一段时间后,想起锻炼身体是好事,我就又开始运动了。可用不了几个月,我就又厌烦了……

这时我还会抱着乐观的心态安慰自己:"我不算三天打鱼两天晒网,至少还坚持了几个月,这已经很了不起了。"但说到底,这种上下起伏的"波浪"确实不是一件好事。

这种情况绝不仅仅出现在我身上,相信很多人都碰到过这样的壁垒。科学家的研究也显示:"一旦一件事情形成习惯后,人们对这件事的感情起伏就会变小。"换言之,"**千篇一律**"的事情,容易让人丧失新鲜感。

做某件事情形成习惯之后,人们不会觉得做这件事辛苦，但也不会再感到喜悦和有成就感。此时的心境已经变成"倒不是不愿意做，但就是没什么兴趣去做"。

拿我来说，因为厌烦停止运动之后，不久体重就增加了，这时我就有了"运动的理由"，于是又有动力去锻炼了。

所以，要想把某种行为培养成一辈子的习惯，就必须准备一些能够**打破"千篇一律"的策略**。比如，给自己不停设定新的目标："我要考取律师资格证""我要考研究生"等。而我呢，要不要去参加马拉松？

第六章

6

支持孩子养成好习惯，父母应做的心理准备

在最后一章中，我想和大家聊聊，为了支持孩子养成好习惯，父母该做好哪些心理准备。包括孩子在内，任何人都有逆反心理：越是逼着他做，他就越不愿意做。家长越热，孩子就越冷，这就是亲子关系。所以，作为父母，我们应该和孩子保持适当的距离，在这个安全距离上支持孩子、引导孩子。这是需要智慧和自控力的。

小晴好像在补习班找到了一起学习的伙伴，最近他们学习的时间明显增加了。
两个人关系很好，但学习时也会相互竞争。
找到志趣相投、目标一致的伙伴，两人就会共同发奋努力。我以前一个人去健身房锻炼的时候，就很难坚持下来。
已经不行了……
哈哈哈
这么一来，我突然感觉有希望了！
停！
我理解您的心情，但请不要高兴得太早。这时您对小晴的学习不要过分热情，不要提太高要求，否则容易引起孩子的逆反心理。
这个分寸不好把握呀……
时刻不能忘记，父母就是辅助的角色。

那么，给孩子奖励怎么样？离考试不远了，但我感觉有的时候他没心情学习。

可是，我又觉得用物质奖励吸引他学习也不太好……

奖励的方法很重要。

什么意思呢？

只要最终能让孩子体会到学习的乐趣和价值，就没问题。

下面就给您详细讲解。

太好了，拜托你了！

01 "目标过于遥远"，其价值会大打折扣

读到这里，您已经了解了帮孩子培养良好学习习惯的技巧。

在本书的最后一章，我将告诉您，作为家长，**该如何在背后支持孩子养成好习惯**。

第一点希望您牢记的是，"**孩子不会为过于遥远的目标而努力，这是理所当然的事情**"。

"孩子自己说要为小升初考试而努力，可就是不见行动。"

"孩子心中有理想的中学，可学习上并不努力。"

这是很多家有六年级孩子的父母共同的烦恼。当然，面临中考、高考的孩子身上，多多少少也会出现类似的问题。

出现这种问题的原因是**人感受不到过于遥远的目标的价值**。

心理学上将这种现象称为"**时间折扣**"。

☑ 现在领取 100 万元，还是 5 年后领取 200 万元？

举个例子，假设您"现在可以领取 100 万元"或者"5 年后领取 200 万元"，您选哪一个？大部分人都会选前者。也就是说，**大多数人觉得"5 年后的 200 万元"的价值低于"现在 100 万元"的价值。**

"5 年后领取 200 万元"和"现在领取 100 万元"相比，大家会选现在领 100 万元。但如果把现在能领到的钱改成 80 万元，您又会怎么选呢？此时，如果大家感到犹豫不决，不知该怎么选的话，说明大家把"现在的 80 万元"的价值与"5 年后 200 万元"的价值画上了约等号。换个角度说，也就是**"5 年后的 200 万元"减值了 120 万元**，相当于打了 4 折。

如果问孩子"现在领取 100 万元"和"5 年后领取 200 万元"怎么选，大多数孩子也会选前者。但如果和"3 年后领取 200 万元""1 年后领取 200 万元""半年后领取 200 万元"相比较，孩子们选择的答案就不尽相同了。这也说明，每个人心中的时间折扣率是不一样的。

和选择金钱同样的道理：如果问孩子"现在让你玩 30 分钟游戏"和"周日让你玩 1 小时游戏"，他们会怎么选？不同情况下，孩子可能会犹豫不决。如果今天已经是周六的话，那孩子可能会咬牙等一等，选"周日玩 1 小时游戏"。

但如果今天是周四会怎样呢？周一呢？等待的时间越长，远处那个目标的吸引力就越弱。

不管怎么说，"时间折扣"是人的心理习性，普遍存在于每个人内心中。

孩子在心中也会把"未来考上理想的中学"与"现在看电视、玩游戏"放在天平上衡量。但考上理想的中学还是以后的事情，其价值会打折扣，所以他们往往会选择"现在看电视、玩游戏"。

☑ 孩子的一年时间远比大人的一年时间长

而且，还有一个因素会放大时间折扣的效果，那就是孩子对时间的观念。我听很多朋友说过，"长大之后，感觉时间过得比小时候快了"。

相信您也有过类似的感觉吧。

对成年人来说，一年的时间可能转瞬即逝，但在孩子看来，一年的时间还是挺漫长的。

孩子感觉时间流逝得很缓慢，这无疑会放大他们心中的时间折扣效应。

所以，要求孩子朝着未来的目标努力，比成年人更困难一些。孩子嘴上虽然说"我想考上理想的中学"，可就是不见有所行动，这并不是不可思议的事情。

所以，家长和老师应该向**第四章第二节**中介绍的那样，为孩子准备"即时报酬"，用眼前的快乐、成就感来激励孩子努力学习，这比用遥远未来的目标激励他们有效得多。

说点题外话，在**第五章第五节**讲解"怀有感恩之心可以帮助孩子抵御眼前诱惑"的时候，我提到了一个实验，其实这个实验还涉及时间折扣的问题。

该实验以 75 名学生为对象，实验人员将他们分成 3 组，让第一组学生"写出过去某个普通的一天发生的事情"；第二组"写出以前发生的你想感谢的事情"；第三组则"写出过去发生的幸福的事情"。

随后，实验人员向学生提出一个问题：

孩子心目中的一年时间比大人长。家长、老师要为孩子准备眼前就可以体会到的快乐、成就感——即时报酬（学习伙伴、游戏性、成就感等）

"现在你可以领取 50 美元，或者 1 年后领取 100 美元，你怎么选？"并让学生说出 1 年后的 100 美元现在在自己心里值多少钱。

结果，"写出过去某个普通的一天发生的事情"的那组学生认为 1 年后 100 美元和现在 17 美元的价值相当；"写出过去发生的幸福事情"的那组学生认为是 18 美元；"写出以前发生的你想感谢的事情"的那组学生认为是 30 美元——可见，心怀感恩可以减轻时间折扣的作用。

但不管怎样我们都可以看出，时间折扣的作用还是非常强大的。所以，家长不用为孩子不能为远大的目标付出努力而感到不安和焦虑，这是正常情况。我们**可以从"即时报酬"和"感恩之心"两方面着手**，激发孩子的学习积极性。

关键点

- ☑ 对未来事物，人会产生低估其价值的倾向（时间折扣）。
- ☑ 孩子的一年时间远比大人的一年时间长。
- ☑ "感恩之心"可以减轻时间折扣的作用。

02 "用奖励刺激孩子"并不是坏事

第二个提醒家长应该做好的心理准备，是有关**奖励**的。

您是否觉得用奖励来"引诱"孩子学习不是一件好事？

换句话说，您对奖励怀有一种消极的印象，觉得通过奖励"引诱"孩子学习，算一种行为控制，对此您可能怀有罪恶感。

而且，您可能觉得如果用奖励"引诱"孩子做事情的话，孩子就会对奖励产生依赖性，一旦没有了奖励，他们可能什么也不愿意做了。

确实，对奖励这件事怀有负面印象，也不能说完全不合理。

不仅是奖励，包括表扬、批评在内，都属于通过外力来影响、控制孩子的行为，说到底这不是激励孩子的最佳方式。

我们最希望看到的是孩子的内驱力被激发出来，他们学习、做事都是出于自己的意愿。

但是，前面我已经讲过，"即使人的内驱力被调动起来，他就一定会采取行动吗"，其实也未必。

"我有干劲儿""我知道这样做好"，可就是不想付诸行动……这样的体验相信大家多多少少都经历过。

这样想来，**与其让孩子为了遥远的目标而努力，不如用眼前的奖励（即时报酬）鼓励他们行动起来。**

其实只要讲究奖励的方法，就可以把奖励的负面效应控制在最小范围内。

☑ 奖励的正确使用方法

我希望各位家长朋友这样想：

"将奖励或者表扬、批评作为即时报酬，应该**避免控制孩子的思维和感情**。

我们应该把奖励作为一种辅助和支持，**引导孩子按照他们自己的思维和感情采取行动**。这样的奖励，不会有害处。"

说得再具体一点，如果孩子本人没有学习的意愿，这时如果用奖励"引诱"他们学习就不好了。而用威胁的方式就更糟糕了，比如："你不学习的话，我就把游戏机没收！"

当"**孩子自己有目标，想学习，可又难以迈出第一步**"的时候，就是使用奖励的最佳时机。不但有效，还没什么"副作用"，不过，在有些情况下，家长明知孩子没有学习动力，但也不得不使用奖励的方法。这种情况下，我们要尽量克服奖励的副作用。**当孩子以奖励为目标学习的时候，家长要引导孩子体会到学习的乐趣，感受到学习的价值**，从而渐渐帮他们进入自己有目标、自觉学习的境界。

大家想一想，我们成年人在工作中也会遇到类似的情况。很多人工作的目的，就是为了获得"薪水"这个奖励。

拿我来说，我上大学的时候，勤工俭学到一家补习机构当老师。我打这份工的最大理由就是时薪比较高。这正是为了奖励而行动的典型代表。但是，当我真正从事这份工作之后，我就发现了其中的乐趣，也感受到这份工作所创造的价值。于是，不知不觉之间它成了我的终生事业，一干就是 20 多年。

相信很多人跟我一样，最初选择一份工作主要是因为薪水高、待遇好，可是在工作过程中，却逐渐喜欢上了这份工作。孩子学习也是一样的道理。

✅ 家长的最终目标是让孩子学会自己给自己奖励

我们成年人工作是为了生活，没有人说"我工作不需要薪水"。

但是对孩子来说，"学习可以不需要奖励"。在我们伸学会，小学四年级和五年级的孩子，有不少是为了"积分"而努力学习的。可是据我观察，到了六年级之后，对"积分"感兴趣的孩子越来越少了，他们已经开始喜欢上学习，知道学习的意义，所以开始自发、自觉地学习了。

当孩子到了这个境界，奖励只是一种"辅助工具"了。

如果孩子没有被**激发出内驱力**，没有**培养出良好的学习习惯**，那么就只能交替使用糖果和鞭子来督促他们学习。可这样的学习，永远是被动式的。

不过，我想您读了这本书之后，应该不会让孩子陷入这样的状态。

不要让孩子把奖励当作最终目标，而是通过奖励让他们感受到成长的喜悦，从而激发内驱力。内驱力一旦被激发出来，孩子离最终目标就不远了

所以，您不用对奖励抱有太多的负面情绪，采用正确的奖励方法，争取早日把孩子引到自主学习的道路上来。

而且，我们的最终目标是**让孩子学会自己给自己设定奖励，自己激发自己的干劲儿**。从某种意义上说，自己给自己设定奖励，是成年人才有的能力，是一种**最高境界的自我管理**。不依赖任何人，自己管理自己的积极性。

所以，如果孩子已经掌握了这样的能力，那不就说明孩子已经成熟了吗？这不正是我们**教育的终极目标之一**吗？

关键点

- ☑ 眼前的奖励（即时报酬），使用得当的话可以达到激发孩子学习积极性的作用。
- ☑ 奖励不要用来控制孩子的"思维和感情"，而是管理他们的"行为"。
- ☑ 我们的最终目标是让孩子学会自己给自己设定奖励，自己激发自己的干劲儿。

03 "小奖励"对培养好习惯很有用

如果您已经打开心结，不再认为"通过奖励激发孩子积极性是坏事"的话，那么接下来要考虑的就是"怎样奖励才有效果"。

在本小节，我将为您介绍**有效使用奖励的 3 个心得**。

☑ 心得（1） 要奖励就要做好长期、连续奖励的准备

经常有家长问我："通过奖励的方法激励孩子，要奖励到什么时候呢？"我的回答是："要做好长期准备。"

前一小节我以成年人工作领取薪水为例讲了奖励的作用，在通过奖励激励孩子学习的时候，也是同样的道理。

一开始，您以获得薪水为目的而工作。经过一段时间之后，您感受到了工作的乐趣，就能自觉工作了。

可就在这时，如果上司说："不给你发薪水，你继续工作，怎么

样?"您会做何感想?

您肯定会毫不犹豫地回答:"那我辞职!"

可能会有极少数人以"为了客户""为了同事"为理由,以志愿者的形式不拿报酬地工作,但那是极其少数的个例,没有普遍意义。

所以,您通过奖励的形式激励孩子学习的时候,也要考虑**长期奖励**。

从孩子的角度看,也许有些孩子本来就不太关心奖励的事情。因为和成年人不一样,孩子不用靠奖励生活。

而且,当他们发现学习中有比奖励更大的吸引力(成就感、价值感)的时候,他们可能就不需要奖励了。

但是,作为家长,不能期待孩子已经可以不依赖奖励而自主学习了。

即使孩子已经养成了良好的学习习惯,可以毫无障碍地自觉学习了,可**一旦习惯缺少坚持下去的理由,他们也会放弃这个习惯**。

所以,孩子以获得奖励为目的而努力学习的日子,可能会持续3年、5年,甚至更久。

但这也没关系,只要您做好长期奖励的准备就行了。

✅ 心得（2） 奖励一定要及时

较长时间后的奖励，在人心中会产生价值折扣，所以我们需要给孩子"即时报酬"。

孩子行动之后，马上获得奖励，他们才会感觉到奖励的价值。

当孩子开始认真学习时，家长**马上**用表扬的语言奖励孩子，才是最有效的。

比行动中的奖励效果稍差一点的奖励时机是"**行动之后马上奖励**"。

当然，在有些情况下，孩子努力学习之后，不方便马上就给予奖励。

但只要时机合适，就应该尽早给予奖励，拖久了就失去了"即时报酬"的意义。

✅ 心得（3） 给奖励的频率很重要

要让学习成为孩子的习惯，需要不断重复。

为了让孩子不断重复学习，需要让他们感到"学习真好！下次我还要认真学习！"所以，**每当孩子有这种感觉的时候，家长就应该及时给予奖励**。

与"完成一周的学习任务就给奖励"相比，"每天完成学习任务就给奖励 ×7"的效果更佳。

如果如此高频率给孩子奖励的话，那么每次的奖励就不能太大，否则难以长久持续。但是，奖励小也没关系。因为我在心得（2）中讲过，孩子在完成任务后马上得到的奖励，**即使只是小奖励，因为及时，他们也会觉得价值很大**。所以，请不要吝啬您的奖励。

至此，做一总结：

· 做好长期奖励的准备
· 小奖励也没关系
· 奖励要及时
· 高频率

给孩子的奖励，要"长期持续"，"尽可能及时"地"频繁"给予"小奖励"

及时、频繁地给予孩子小奖励，看似"动作不大"，但长期坚持的话将会对培养孩子的良好学习习惯大有裨益。

关键点

- 家长要做好长期给孩子奖励的心理准备。
- 奖励一定要及时。
- 奖励的频率要高。

04 父母要成为孩子的"好榜样",背后的理由是什么?

您有尝试过为自己培养一个好习惯吗?比如,为了健康而锻炼的习惯,为了提升工作能力而坚持学习的习惯。

或者反过来,您是否尝试过停止一种习惯?

没有哪个人每天的行为都是完美无瑕的,您身上肯定也存在一些问题,我猜您也想改变自己,让自己变得更好。

既然您读了这本书,不如也**利用书中的知识和方法,来帮自己培养一个好习惯吧**!

您和孩子一起培养好习惯,结果将会是双赢。

因为,在这个过程中,您将成为孩子的**好榜样**。

☑ 利用孩子喜欢模仿父母的"习性"

人类的大脑中有一种名叫**镜像神经元**的神经细胞,在镜像神经元的作用下,我们会把别人的思维、行为方式认为是自己的,并无意识地与别人的思考、行为产生同调。

举例来说，当我们身边有一个人焦虑不安的时候，我们也会莫名其妙地感到焦虑不安。

或者，您看到有人受了很重的外伤，他疼痛难忍一直惨叫的时候，您是不是也会感觉自己好像也很疼？

尤其是我们亲近的人，我们会随着他们的情绪或喜或悲。

心理学把这种现象称为"**情绪传染**"，简单讲，就是人的情绪会相互传染。

人与人之间，不只有情绪可以相互传染。

"想做的事情"也会传染，这种现象被称为"**目标传染**"。

举个例子，当我们看到别人在吃美食，我们也会情不自禁地想吃；看到朋友在玩最新的游戏，我们也会跃跃欲试；看到家人围坐在电视机前开心地看电视，我们也想一起看……

您一定有过类似的体验。

其实，我们可以利用这种习性来帮孩子培养好习惯。

家长在孩子面前做好榜样，孩子在镜像神经元的作用下，会模仿家长的行为。

家长和孩子建立共同的目标——"我们一起培养好习惯",双方就会产生"一起行动"的行为。

如果家长单方面说教,孩子一般不会按照家长说的去做。但如果家长以身作则的话,孩子就会无意识地模仿。

所以,要想督促孩子做某件事情,最好的方式就是**家长亲自做给孩子看**。

家长以身作则还有一个好处,就是**自己也能体会到培养一个好习惯是多么艰难**。

✓ 父母自己也体会一下培养好习惯的难度

很多家长都因为孩子不能认真学习而焦虑不安。

"你为什么不好好学习?!"相信很多家长都这样怒斥过自己的孩子吧。

但是家长也要知道,踏踏实实地认真学习,对孩子来说并不是一件简单的事情。

即使再认真的孩子,也有偷懒的时候,当意识到自己不对的时候,他们才能奋起学习。

孩子的成长不是直线向上的,而是螺旋式上升的。

当孩子停滞不前甚至倒退的时候,**最需要的是家长拿出耐心,接受、安慰、鼓励他们,不要让失败继续发展下去**。

在**第五章第四节**我已经讲过了。

您亲自尝试一下就能体会到，在您挑战培养一个好习惯的时候，您一定也会遇到失败和挫折。到时您就能体会到坚持下去的难度了。

当您对培养习惯的难度深有体会后，在孩子遇到失败、挫折的时候您就能耐心面对了。而且，不只是口头安慰，而是发自内心的情感共鸣。

家长发自内心的鼓励、支持，将**成为孩子再次发起挑战的动力之源**。

如果想让孩子爱上读书，最有效的办法是家长自己先爱上读书，并把这一点展现在孩子面前

总而言之，您**亲自尝试一下养成一个好习惯**，对孩子将产生极大的积极影响。

关键点

- ☑ 家长和孩子一起挑战培养好习惯。
- ☑ 家长要做孩子的好榜样，让他们去模仿（情绪传染、目标传染）。
- ☑ 家长自己挑战一下，才能体会到养成好习惯的难度。

05 | 父母的"完美主义"会毁了孩子

"你该这样做！""你该那样做！"您会频繁地对孩子发指令吗？面对即将参加小升初考试的孩子，您希望他考上理想的中学，所以会不停地唠叨：

"你该学这个！"
"你该学那个！"
"你的方法不对！"

您认为这都是为了孩子好，是爱孩子的表现。

这种心情的出发点肯定是好的，我也能理解。

但是，这样**过度干涉**，可能会给孩子埋下抑郁症的祸根。至少会增加孩子焦虑不安的情绪，以致**降低孩子整个人生的幸福感**，所以家长一定要注意。

为什么会出现这么严重的后果呢？

因为家长的过度干涉，会向孩子传递一种"你做的全是错的"的信息。

结果，孩子开始害怕自己的不完美，并陷入无限自责中。

可是人无完人，任何人都有瑕疵，人不应因为自己不完美而活在自责中。

✅ 任何人都不是完美的

也就是说，认为自己并不完美的人怀有"必须完美"的执念时，就会**陷入无休止的自责之中**。

这种情况叫作"**无法自洽的完美主义**"，是焦虑症、抑郁症的成因之一，还会降低人生的幸福感。

根据新加坡国立大学的调查，在父母过度干涉的环境中成长起来的孩子，常会出现过度自我批判的倾向。

而**自我批判的态度与焦虑症、抑郁症存在相关关系**。

很多父母打着爱孩子的旗号，却做着破坏孩子人生幸福的事情，这是每一位家长应该反思的事情。

✅ 父母自己首先应该抛弃完美主义

那么，为了防止这种情况发生，父母该怎么做呢？

<mark>父母自己首先应该抛弃害怕失败的完美主义</mark>。

父母之所以会过度干涉孩子的选择，是因为他们"不想自己的孩子失败"。如果孩子失败了，他们会觉得自己的教育失败了。

过于害怕这种失败，父母就会无意识地把目光聚焦于现实与理想的差距，从而用"扣分"的方式来看待孩子的一举一动。结果就是不停地批评、指责、命令孩子。原因找到了，要摆脱这种处境，父母应该先从对失败的恐惧中解脱出来。

孩子考试没考好，只能说明"以前的学习方法不好"。平时的考试只是积累经验的手段，只要汲取经验教训，以后就能考好。

在帮孩子培养良好习惯的过程中遇到挫折，也是同样的道理。

如果失败了便就此停止，那就永远止于失败了。

<mark>如果吸取失败的经验教训，改良方法再次挑战，就能让失败成为成功之母</mark>。

家长该做的事情是接受孩子的现状，然后思考如何改善现状才能走向成功。

本书的核心宗旨是教您和孩子学会控制自己的行为，并按照自己的想法培养好习惯的技巧。可现实生活中，即使使用这些技巧，要控制自己的行为也不是一件容易的事情。

而且，要引导、控制孩子的行为就更难了。不过，虽说要控制，却不能过度干涉。说到底，不管培养习惯还是学习，主体都是孩子自己。**我们大人始终扮演辅助的角色，教会孩子设定目标、实现目标的方法是我们的目的。**

关键点

- 家长的过度干涉会降低孩子人生的幸福感。
- 父母应该首先抛弃完美主义，不要害怕失败。
- 我们家长的角色是辅助者，目的是教会孩子设定目标、实现目标的方法。

06 拥有灵活的思维，相信"任何事情都是可以改变的"

在本书的**第一章**，我曾经讲过"自控力强的孩子成绩更优秀"；能够经受住棉花糖实验考验的孩子，未来成绩优秀的概率更高。在本小节中，我想介绍一些颠覆棉花糖实验的结论。

关于棉花糖实验，美国纽约大学的迪拉·瓦茨等人进行了追加研究，结果发现，最初的棉花糖实验的结果存在一定的"局限性"。

在最初的棉花糖实验中，受验者都是与美国斯坦福大学有关人员的孩子。迪拉·瓦茨等人在重新进行棉花糖实验的时候，把受验者的范围拓宽了很多。他们还选择了低收入家庭、低教育水平家庭的孩子参加实验。最后在评价实验结果的时候，还参考了"家庭年收入"的因素。也就是说，他们的评价更加复杂、全面。

迪拉·瓦茨等人重做棉花糖实验的结果显示："一个孩子能否成功获得第二块棉花糖"，**和他的家庭经济背景存在很高的相关性。富裕家庭且父母受教育程度高的孩子，更容易抵御眼前的诱惑；贫困且父母没有上过大学的孩子，抵御眼前诱惑的能力要弱一些。**

初次棉花糖实验之后，人们往往把"一个孩子能否成功获得第二块棉花糖"看作其未来获得成功的一个因素。但迪拉·瓦茨等人的研究显示，**孩子家庭的经济条件和受教育程度，在孩子未来的成功路上会起到更大的作用。**

☑ 家庭环境不好，就应该放弃孩子的习惯培养吗？

看到迪拉·瓦茨等人的研究结果后，您做何感想？我猜家长的感想无非是以下3种：

（1）如果家庭环境对孩子的成绩和未来的成功影响极大的话，那么孩子的未来基本上已经被家庭条件定型了。那我们现在做什么也没用，应该躺平。

（2）即使家庭环境对孩子的成绩和未来的成功影响极大，肯定还有其他影响孩子未来成功的因素。我们应该尽力而为，把能做的做到最好。

（3）如果家庭环境对孩子的成绩和未来的成功影响极大的话，那我们就努力改变家庭环境。作为家长，我们要把家庭变富裕，自己继续努力学习，提升自己的受教育程度。

您的想法属于哪一种呢？也许这个问题会令您感到尴尬。诚然，家庭环境对孩子的成绩和未来的成功影响极大，这一点已经被实验证明，但是，**仅凭家庭环境并不能决定孩子的未来**。

原本，棉花糖实验也只是测试"抵御眼前诱惑"的自控力的一个实验。本书中我也讲过，人本来就是一种不善于抵御眼前诱惑的生物，**要想靠强大的忍耐力去挑战长期目标，结果多以失败告终**。

相比之下，"**if-then 计划**"或"**找到行动本身的乐趣**（比如和伙伴一起学习等）"要更可靠、更有效。

教会孩子"自己制订计划""找到行动本身的乐趣"，以提高自控力，更为重要

我想再强调一遍："**教会孩子提高广义自控力的方法和技巧更为重要**！"

☑ 父母自己要相信"任何事情都是可以改变的"

孩子有什么样的思维方式，很大程度上取决于父母有什么样的思维方式。

举例来说，假如告诉孩子"天生的智商对学习成绩有极大影响"，孩子会怎么想？

想法无非以下 3 种：

（1）如果天生的智商对学习成绩有极大影响的话，那我的成绩基本上早就注定了。所以我现在即使努力也没用，还是躺平吧。
（2）即使天生的智商对学习成绩有极大影响，应该还有其他影响成绩的因素。我应该尽力而为，把能做的做到最好。
（3）如果天生的智商对学习成绩有极大影响的话，那我应该努力提高自己的智商。

这和前面的问题很相似，您希望自己的孩子怎么想、怎么做？

认为"智商不能改变"的孩子，就不会努力去改变。结果也会按他自己的想法发展,"智商始终不变"。

　　认为"智商可以改变"的孩子,就会努力去提高自己的智商。同样,结果也会按他自己的想法发展,"智商得到提高"。

　　如果您想让自己的孩子认为"任何事情都是可以改变的",**那就自己先做个榜样吧**!

关键点

- 仅凭家庭环境,并不能决定孩子的未来。
- 孩子有什么样的思维方式,很大程度上取决于父母有什么样的思维方式。
- 要想让自己的孩子认为"任何事情都是可以改变的",父母自己应该首先坚信这一点。

07 想传达给孩子的信息，父母自己要"打心里相信"

来到了本书的最后一个小节，我将和您分享支持孩子培养好习惯的最后一个心得。正如本节标题所说，**想传达给孩子的信息，父母自己要"打心里相信"**。

要想收获成功，需要把好的行为养成习惯，并不断重复这个行为。在将好的行为养成习惯的过程中，也需要不断重复这个行为。为此，有必要让孩子在行动过程中感受到"这样做真好！"，这时，家长需要灵活运用奖励的方法，鼓励他们继续保持好的行为。

在鼓励孩子的时候，最重要的就是"**父母的心**"。不管怎么说，从孩子的角度看，"**父母发自内心的欣喜**"是对他们最大的褒奖。

☑ 父母要从内心深处欣喜于孩子的成长

在亲子关系非常融洽的家庭里，**对于孩子的成长，父母会发自内心地感到欣喜。**

"你的数学还没做完！"

"英语也必须全做对！"

这是完美主义家长的口头禅，他们从完美主义出发，对孩子的评价是"减法式"的。但这样只会破坏亲子关系，让孩子丧失自信。

家长应该尽量采用"加法式"的语言来评价自己的孩子。

这样一来，父母更多关注孩子身上的优点，自然会感到欣喜，而这份欣喜会传达到孩子的心里，成为孩子的动力之源，激励他们继续努力下去。

如果父母心里没有欣喜，只是口头表扬，或者想控制孩子的行为而使用奖励来引诱他们，孩子是无法真心鼓起干劲儿的。

因为孩子的思想远比我们想象中敏锐，他们可以体会到父母的心。

所以，请家长朋友们一定要用真心对待孩子，从内心深处对孩子的成长感到高兴。

也有一些家长，口头上对孩子说"努力的过程比结果更重要"，可是当孩子考试成绩不理想的时候，他们又会表现出失望的情绪。

家长这种前后矛盾的态度同样会被孩子捕捉到，孩子会感觉"原来父母还是只看重结果啊！"，从而对父母产生不信任和失望的情绪。

为了防止这种情况发生，**家长要真心相信努力的过程比结果更重要，只有这样才能表现出始终如一的立场**。

"习惯可以改变人生。"

"培养习惯的技巧有助于改变人生。"

"考试没考好的时候，正是进行反省，从而提高自己的好机会。"

家长想传达给孩子的信息，必须自己在内心深处坚信不疑，只有这样，您的理念才能真正传达给孩子。

因为我们头脑中坚信的事情，具有一种可以引起别人共鸣的能力。

☑ 不仅要改变孩子，父母也要改变自己

那么该怎么改变自己的思维方式呢？

其实我在**第一章**中已经介绍过改变思维方式的方法。

您还记得吗？

思维方式也好，性格也罢，**可以通过培养习惯加以改变**。

首先，请您想象一下自己理想中的思维方式或性格，然后再找到与理想思维方式、性格相匹配的行为，接下来要做的就是把这些行为培养成自己的习惯。

在不断重复这些行为的过程中，您的思维方式、性格就会逐渐达到您理想中的状态。

当您掌握了培养习惯的技巧，能够控制自己的行为、思维方式和

性格之后，您也可以将孩子的人生引导到一条美好的道路上。

　　培养习惯的过程虽然十分艰难，但也有无穷的乐趣，希望家长朋友一定要和孩子一起挑战一下！

关键点

- 想传达给孩子的信息，父母自己要"打心里相信"。
- 对孩子来说，最好的褒奖是父母对他们的成长发自内心地欣喜。
- 在亲子关系融洽的家庭中，父母会对孩子的成长感到喜悦。

听了老师的话，按照老师的要求去做了，我们家孩子有了很大的变化！
是吗？那太好了！
现在不用强迫孩子学习，他也可以主动努力学习了吧？
最近，孩子对新知识特别感兴趣。另外，以前他做不好的事情，现在能做好了，他自己也非常开心。
这个倾向很好！
孩子已经切实感受到『只要我努力就可以改变自己』。把以前做不好的事情做好了，这样的成就感将对他们未来的人生有很大帮助。
在父母能够为孩子的成长而感到欣喜的家庭中，孩子考上理想中学的比例要高很多。
以后也希望您继续宽容、耐心地对待孩子，看到他们的进步要发自内心地感到喜悦，支持、守护他们继续进步！
谢谢你！
不客气。
这个人到底是谁？

后 记

您已经读完了这本书的正文部分，我想采访您一下，您现在有什么感想呢？

在编写这本书的过程中，我经常想到一个问题——**真想把这些知识教给小学时代的我自己**！

我上小学的时候，暑假作业总是等到 8 月底快开学的时候才做，然后匆匆忙忙在几天之内把所有作业赶完；日记也不得不在假期的最后几天编完整个暑假的量。

读小学低年级的时候，我也参加过倍乐生教育集团（Benesse Corporation，"巧虎"的母公司）的"挑战"项目，但每个月都是在任务期限截止前才提交作业。我已经数不清母亲因为这个对我发过多少次脾气。

上了小学高年级后，我开始上补习班，可我还是没什么改观。补习班的作业，都是到了必须交的那天，我才会匆忙赶工。

如此拖延、不努力学习的我，经常把母亲惹得暴怒，她好几次把我补习班的课本从阳台上扔了出去。

当然，每次母亲暴怒，我都备受打击，可我并不会因此就开始好好学习。

现在，我当上了老师，站在了教育孩子的立场上，才能**深刻理解当年母亲教育我所付出的辛劳和内心承受的折磨**。

"你为什么就不能好好学习呢？"

我真想对当时的自己这么说，实际上，这句话母亲当时不知和我说过多少遍。我想，很多家长朋友也对自己的孩子说过这样的话吧！

您对孩子说过吗？

可是，我也非常理解孩子们的心情。我的小学时代和大多数孩子一样，虽然下定决心要努力，但就是提不起干劲儿来。3分钟热度，连续认真学习没有超过3天的，我对那时的自己感到难为情，很后悔，也很悲哀。

看着自己的孩子不能努力学习，父母心里一定很难过，但同时，**使不上劲儿的孩子心里也一样难受**，所以，只要学会培养习惯的技巧和改变习惯的技巧，亲子双方的苦恼可以一下都解决了。

孩子的学习、长大以后的工作其实有共通之处，都需要设定目标，为实现目标制订计划，在行动过程中获得成就反馈，从而享受继续行动的过程。

青少年时期的学习、长大后的工作，占据我们人生清醒时的大部分时间。

所以，这部分时间让您感觉幸福还是痛苦，将决定您整个人生的幸福程度。

　　因此我也相信，**这本书具有让孩子获得幸福的力量**。

　　而且，培养好习惯的技巧，还具有改善亲子关系的作用。

　　"我也想当一个温柔、不发脾气的母亲，可总是忍不住对孩子发火，这让我陷入自我厌恶的恶性循环。而且，即使我对孩子发了一顿脾气，结果也只会留下一个不好的家庭氛围，孩子一点都不会改变。每当这时我总会怀疑，自己为什么要发火呢？"

　　"我本想多发现孩子身上的优点，多表扬他。可不知不觉间我就会盯着孩子的缺点不放，从而变成一个总是责备、唠叨孩子的母亲。"

　　在我的电子杂志和YouTube（油管）上，经常有类似的评论和留言。

　　现实中很多类似的家长，出发点是好的，可总是难以控制自己的情绪，结果和初衷背道而驰，这真是一种痛苦的状态。

　　对成年人而言，改变自己的习惯都是一件非常艰难的事。

　　不过，这些烦恼都**可以在今天画上句号**。

　　以前，您只是不知道培养、改变习惯的技巧，所以才会为无法改变自己而困扰。如今，**通过读这本书您已经学到了培养、改变习惯的技巧，只要将其应用于实践，坚持一段时间，好的行为就会变成您的习惯**。

您养育孩子的目的是什么？首先要从明确目的开始。

让父母和孩子都展露出笑容，这难道不是养育孩子的主要目的之一吗？

那么，采取什么行动才能达到这个目的呢？父母首先要决定自己的行动目标。

像"发怒"这样的行为，对达到目的没有任何好处，还会造成亲子关系紧张，所以以后要尽量避免。

然后，还要记录、测定自己的好行为。比如，家长可以记录自己发现孩子优点的次数、记录表扬他们的次数。渐渐地，您就会变成善于表扬孩子的家长。

当您做了好的行为时，您也要及时表扬自己。给自己点小奖励，不也可以为生活增添幸福感嘛！当您对待孩子的方式改变了，孩子自身也会发生改变。

父母和孩子能够一起培养好习惯的时候，亲子之间的笑容肯定也会增加。良好的亲子关系，超越学习和工作的成果之上，是人生幸福的基石。

习惯具有强大的力量，希望这本书中提供的方法、技巧，能帮助您和孩子建立良好的亲子关系，帮助孩子养成良好的学习习惯。同时，也希望您能充实地度过每一天。

菊池洋匡

伸学会董事长

SHOGAKUSEI NO BENKYO WA SHUKAN GA 9WARI by Hirotada Kikuchi
Copyright © Hirotada Kikuchi 2021
All rights reserved.
Original Japanese edition published in 2021 by SB Creative Corp.
This Simplified Chinese edition is published by arrangement with SB Creative Corp.,
Tokyo in care of Tuttle-Mori Agency, Inc., Tokyo through Pace Agency Ltd., Jiangsu Province.

© 中南博集天卷文化传媒有限公司。本书版权受法律保护。未经权利人许可，任何人不得以任何方式使用本书包括正文、插图、封面、版式等任何部分内容，违者将受到法律制裁。

著作权合同登记号：图字 18-2023-127

图书在版编目（CIP）数据

原来孩子这样养成学习好习惯 /（日）菊池洋匡著；郭勇译 . -- 长沙：湖南文艺出版社，2023.6
ISBN 978-7-5726-1159-9

Ⅰ. ①原… Ⅱ. ①菊… ②郭… Ⅲ. ①学习方法—家庭教育 Ⅳ. ① G791 ② G782

中国国家版本馆 CIP 数据核字（2023）第 078481 号

上架建议：亲子·家教

YUANLAI HAIZI ZHEYANG YANGCHENG XUEXI HAO XIGUAN
原来孩子这样养成学习好习惯

著　　者：	[日]菊池洋匡
译　　者：	郭　勇
出版人：	陈新文
责任编辑：	匡杨乐
监　　制：	邢越超
策划编辑：	李彩萍
特约编辑：	尹　晶
版权支持：	辛　艳　金　哲
营销支持：	周　茜　文刀刀
整体装帧：	梁秋晨
内文排版：	百朗文化
出　　版：	湖南文艺出版社
	（长沙市雨花区东二环一段 508 号　邮编：410014）
网　　址：	www.hnwy.net
印　　刷：	三河市中晟雅豪印务有限公司
经　　销：	新华书店
开　　本：	680mm×955mm　1/16
字　　数：	134 千字
印　　张：	14.5
版　　次：	2023 年 6 月第 1 版
印　　次：	2023 年 6 月第 1 次印刷
书　　号：	ISBN 978-7-5726-1159-9
定　　价：	49.80 元

若有质量问题，请致电质量监督电话：010-59096394
团购电话：010-59320018

陪写作业为何越陪越差？没有学习动机，孩子怎么可能学得好？
让孩子乐在学习，孩子更出色，父母更轻松！

培养孩子自主学习的能力
就是父母给孩子最好的礼物

老师不会教的数学学习方法，孩子一学就开窍！

孩子学习好不好
激发出孩子的内在学习动力才是关键

受外部动力驱使进行学习的孩子：只看重眼前的结果，只要达到不被父母责骂的标准，就不再学习。他们的目标只是完成任务，所以根本不会在意什么学习方法。而且，当他们感觉即将失败，或成功的可能性比较小，就会轻易放弃努力。

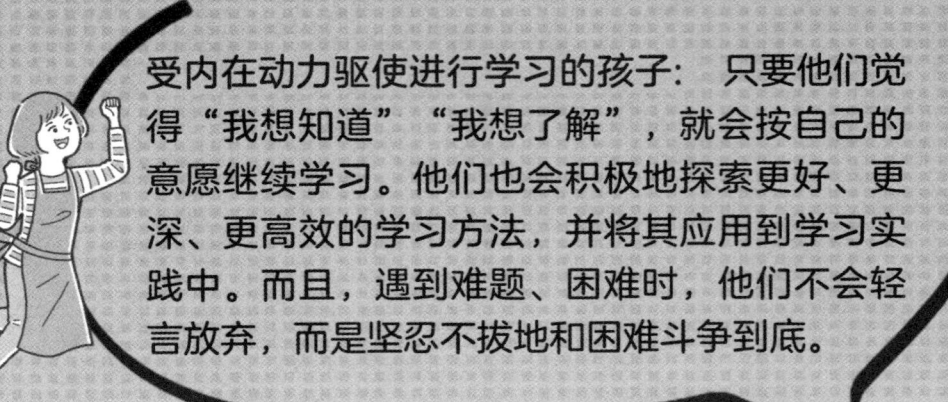

受内在动力驱使进行学习的孩子：只要他们觉得"我想知道""我想了解"，就会按自己的意愿继续学习。他们也会积极地探索更好、更深、更高效的学习方法，并将其应用到学习实践中。而且，遇到难题、困难时，他们不会轻言放弃，而是坚忍不拔地和困难斗争到底。